U0599661

邬沧萍（1922–2023）

邬沧萍纪念文集

中国老年学和老年医学学会
中国人民大学人口与健康学院 编

图书在版编目（CIP）数据

邬沧萍纪念文集 / 中国老年学和老年医学学会，中国人民大学人口与健康学院编. -- 北京 : 华龄出版社，2024. 9. -- ISBN 978-7-5169-2900-1

Ⅰ. K825.1-53

中国国家版本馆CIP数据核字第2024EX1565号

责任编辑	周　宏　程　扬	责任印制	李未圻
责任校对	张春燕	装帧设计	雅昌设计中心

书　　名	邬沧萍纪念文集	作　者	中国老年学和老年医学学会 中国人民大学人口与健康学院
出　　版 发　　行	华龄出版社 HUALING PRESS		
社　　址	北京市东城区安定门外大街甲 57 号	邮　编	100011
发　　行	（010）58122250	传　真	（010）84049572
承　　印	北京雅昌艺术印刷有限公司		
版　　次	2024 年 9 月第 1 版	印　次	2024 年 9 月第 1 次印刷
规　　格	787mm × 1082mm	开　本	1/16
印　　张	17.5	字　数	253 千字
书　　号	ISBN 978-7-5169-2900-1		
定　　价	128.00 元		

邬沧萍部分学术活动照片

1974 年坚定选择留任人口研究所

1980 年为北京军区总参谋部人口理论学习班讲课

2006 年出席中国老年学学会成立20周年大会并致辞

2002 年参加提高老年人生活质量对策研讨会

2009 年与学生合影

2010 年参加中国老年学国际研讨会

1995 年参加国际老年学会亚洲大洋洲地区大会

1996 年参加全国老年学与人口老龄问题研修班

1997 年参加第十六届国际老年学大会

1997 年在澳大利亚阿得莱德参加国际老年学大会

2020 年9月14日，参加《写给中国人的健康百岁书：健康长寿专家共识》新书发布会暨老龄智库专家研讨会

2021 年5月18日，参加中国老年学和老年医学学会老龄智库专家研讨会

目录

仓萍纪念文集

邬沧萍先生生平

邬沧萍先生生平

邬沧萍（1922—2023），男，中国人民大学荣誉一级教授，新中国人口学、老年学学科的重要开拓者和奠基人。曾担任第六届全国政协委员，第七、第八届全国政协常委，中国民主同盟中央常委和北京市副主委、民盟中央顾问，第五届北京市政协委员、北京市政府参事，以及北京市老年学学会会长、中国老年学学会会长、名誉会长，中国人口学会副会长、北京市老年学会会长，北京市人口学会名誉会长、国际人口研究机构联合会常务理事、国际计生联亚太地区常务理事、国际老年学会亚大分会常务理事等重要社会职务和学术职务。

邬沧萍，1922 年 9 月 24 日出生于广东番禺，1946 年毕业于岭南大学经济系，1947—1948 年在中国香港九龙海关工作，1948—1951 年在美国纽约大学留学，获得 MBA 学位后继续攻读博士学位，并在哥伦比亚大学专修统计学。中华人民共和国成立后，1951 年邬沧萍毅然回国报效祖国，由教育部分配到北京辅仁大学任教。1952 年，任教于由北京大学、清华大学、燕京大学、辅仁大学四所大学财经系合并组建的中央财经学院，在统计系工作。1953 年，随着中央财经学院并入中国人民大学，又进入中国人民大学工作，先后在统计系、计划统计系、人口研究所、人口学系以及社会与人口学院任教，2005 年以中国人民大学荣誉一级教授退休。

自 20 世纪 70 年代以来，邬沧萍长期致力于人口学研究和教学，70 年代末又开创中国老年学的研究和教学，是新中国人口学、老年学学科的重要开拓者和奠基人。他先后参与筹建中国人民大学人口研究所、《人口研究》杂志、人口学系、老年学研究所，曾任副所长、所长、人口学系副系主任和系、所、研究中心学术委员会主任、《人口研究》名誉主编等职。他与同事合作于 1979 年在《人民日报》发表了改革开放后中国人口学第一篇理论文章，为中国人口学的恢复重建奠定了重要基础。他于 1983 年开始指导我国老年学方向最早一批的研究生，同时着手建立我国老年学学科体系，为老年学学科发展奠定了坚实的基础。他倡导和推动成立了中国老年学学会，创建了中国人民大学老年学专业和中国高校第一个老年学博士、硕士学位点，在中国老年学教育史上具有里程碑意义。

邬沧萍撰写了大量具有奠基性和开创性的著作、教材和论文，包括《人口统计学》《人口学辞典》《人口学学科体系研究》《世界人口》《人口、资源、环境关系史》《社会老年学》《老年学概论》《从人口学到老年学》《中国人口老龄化：变化与挑战》《老龄社会与和谐社会》《全面建成小康社会　积极应对人口老龄化》《老年价值论》，等等；公开发表学术文章 200 余篇，其中在《中国社会科学》《中国人民大学学报》《求是》《红旗文稿》《人民日报》《光明日报》等发表 30 余篇。

由于在学术研究、人才培养方面的卓越贡献，邬沧萍荣获多项重要奖励，包括北京市先进工作者、第二届中华人口奖（科学奖）、北京市人文社会科学一等奖、第一届吴玉章人文社科终身成就奖、中国人口学会终身荣誉会员、首届中国老年学奖——杰出贡献奖、中国老年保健协会突出贡献奖、老教授科教兴国贡献奖，以及中共中央宣传部、全国老龄工作委员会办公室“最美老有所为人物”奖，等等。学术论文和学术著作曾多次荣获教育部、国家原计划生育委员会、全国老龄工作委员会办公室、北京市等颁发的奖项。

题词

郜沧萍同志是改革开放新时期中国人口学、老年学学科的重要开拓者和奠基人，他热爱祖国，坚持守正创新，终生孜孜不倦，治学育人，是老有所为的楷模。在《邬沧萍纪念文集》出版之际，我们深切缅怀邬沧萍同志，一定要励志图强，努力开拓新时期人口研究的新局面，全面认识、正确看待我国人口发展新形势，着力探索新时期的人口发展规律，进一步深化改革，积极应对新时期的人口挑战，推动以人口高质量发展支撑中国式现代化，为强国建设、民族复兴作出应有的贡献。

彭珮云

第九届全国人大常委会副委员长

2024年7月20日

一生探索经世致用的学界泰斗
矢志不渝民主求真的爱国老人

邬沧萍先生，我国人口学、老年学重要开创者和奠基人，学术巨擘，人生典范。其研学精深，矢志报国，百岁犹耕，精神矍铄。倡导“健康”“积极”老龄化，身体力行，垂范后世。《邬沧萍纪念文集》的编纂出版，不仅是对大先生的深切缅怀，更是对其卓越学术成就的崇高致敬，对其一生精神风貌的深刻铭记。愿此书传承先生之志，启迪智慧，共筑辉煌未来。

张梅颖

第十一届全国政协副主席
民盟中央原第一副主席
2024年7月10日

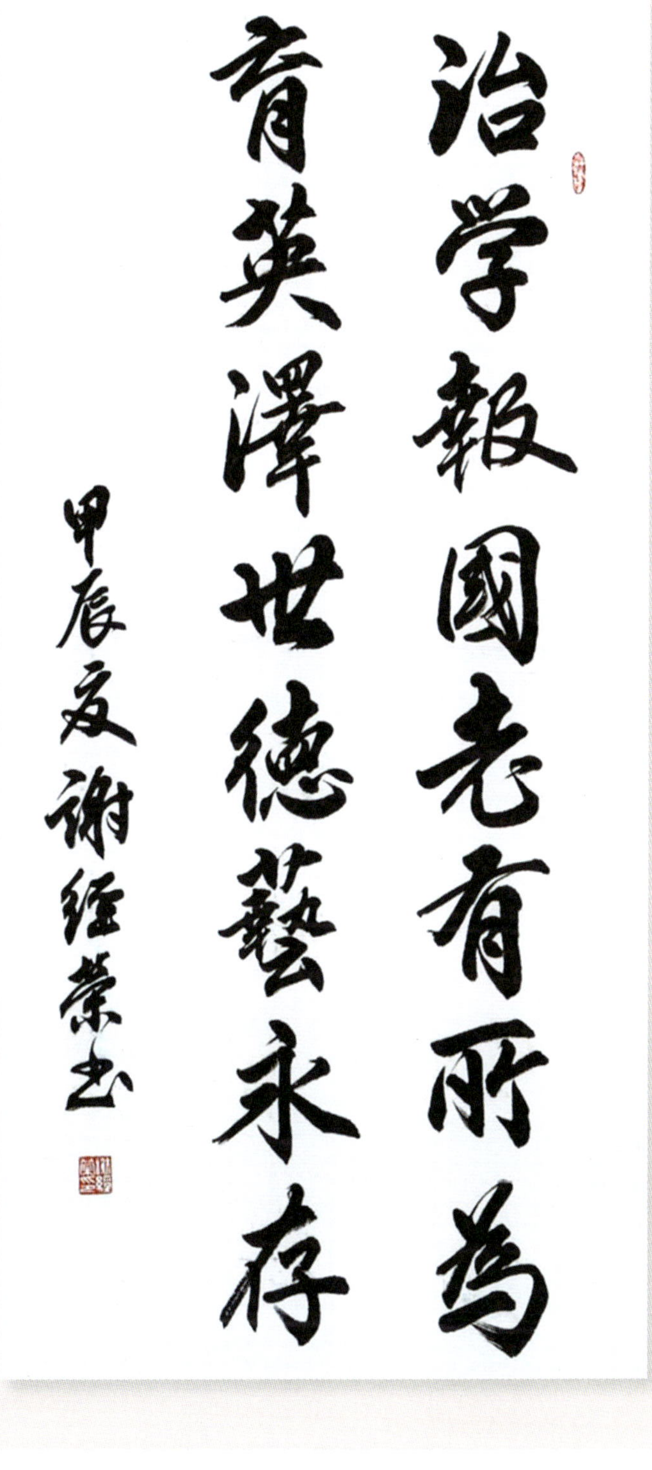

治学報國老有所為
育英澤世德藝永存

甲辰夏谢经荣书

谢经荣
全国人大常委会委员、民盟中央副主席
2024年7月26日

回想起邬沧萍老师的指导和教诲，先生的音容笑貌依稀就在眼前，令人终身难忘。在邬老师的鼓励下，我的博士论文选择了人口老龄化研究领域，先生不但指导我做研究，也是我博士毕业论文答辩委员会的主席。在随后的岁月里，无论我走到哪里，工作有什么变化，都有先生的帮助和支持，是我们的良师益友。先生热爱祖国、关心国事，积极为国家大政方针建言献策，为中国人口工作、老龄事业的发展作出了卓越贡献。值此《邬沧萍纪念文集》出版之际，我们要把对邬老师的深切缅怀和崇高敬意转化为提高个人修养、勤奋学习思考、履职尽责工作的动力，接续奋斗、笃行不怠，以协同推进实现健康中国战略和积极应对人口老龄化国家战略的实际成效，回报邬老师的厚爱。

于学军

国家卫生健康委员会副主任

2024年7月28日

邬沧萍教授是一位杰出的老年学科学家，为我国老年学事业进步作出了杰出的贡献，是一位值得大家纪念的老年学社会活动家！我深切怀念邬老！我们应该纪念和学习他为我国的老年学事业进步不懈努力的精神，应该以进一步加强老年学社会进步的实际行动学习和怀念他！

中国科学院院士
国医大师
中国老年学和老年医学学会名誉会长
2024年7月1日

邬沧萍纪念文集

纪念文章

追寻邬沧萍的足迹：学术与人生的完美典范

刘维林

在岁月的洪流中，有一位学者以其深厚的学术造诣、卓越的人生态度、高尚的品质和独特的人格魅力，为中国的人口学和老年学留下了不可磨灭的印记。他就是邬沧萍先生，一位令人敬仰的学术巨擘。

一、邬先生的爱国情怀与人文情怀，引领人口学与老年学的深邃探索

20 世纪 80 年代，当我怀揣着对知识的渴望与对学术的敬畏踏入中国人民大学的校园时，邬沧萍先生的名字早已在中国人口学和老年学领域如雷贯耳。然而，我真正有幸与大先生接触，则是在 2017 年 11 月，中国老年学和老年医学学会换届之际。邬先生作为 20 世纪 80 年代中国老年学学会的倡议发起者和重要推动者、第一届理事会副会长、第二届理事会会长和现任名誉会长，应邀莅临会议并致辞。他那亲切的笑容和深邃的学识让我备感亲切和敬仰，他对中国老年学发展的期待和对学会工作的指导更为我指明了前进方向，增添了无穷力量。自此之后，学会的每一次学术盛会与重要活动，都少不了邬先生的身影，他那近百岁高龄仍不失创新与活力的精神风貌，每次都让每一位与会者深受感动，并给了我们很大鼓舞。

2021年9月24日在中国人民大学逸夫会议中心召开
“《百岁人生——邬沧萍口述实录》新书发布会暨研讨会”
（图为刘维林会长与邬沧萍教授合影）

在与邬先生的交流中，我被他深厚的爱国情怀与人文情怀所打动，更为他对中国人口学和老年学研究的执着追求与深厚情感所震撼。

邬先生是一位在动荡岁月中成长的学者，他始终怀揣着炽热的爱国报国之志，坚定不移地以马克思主义信念和“先天下之忧而忧，后天下之乐而乐”的胸怀为己任，将服务国家作为毕生最高追求。他铭记于心的信念是：“只要国家需要，我无条件服从。”

邬先生坚守以人民为中心的研究导向，尤其关注老年人的生活质量和社会地位。他倾尽心力推动中国人口学和老年学的学科建设与学术研究，所提出的“健康老龄化”和“积极老龄化”理论，不仅为这两门学科的发展奠定了坚实的理论基础，更为我们应对老龄化社会的挑战提供了宝贵的实践指导。他积极倡导老年人追求健康、参与社会、奉献余热，这一理念不仅激励了无数老年人在晚年绽放光彩，实现自我价值，还让他们深刻体会到了“老有所为”和“健康快乐”的真谛。

邬先生不仅是我们的学术导师，还是“积极老龄观”和“健康老龄化”的推动者、倡导者和践行者。他不断将新的观点和思想融入研究中，将健康和长寿的议题与人口学和老年学紧密结合，为学术领域指明了前进的方向，为学术界注入了源源不断的活力。他曾深情地说：“老年学必将随着人口老龄化的加剧而日益受到重视，我愿尽我所能，为我国积极应对人口老龄化、提升老年人生活质量贡献自己的力量。”这种高度的责任感和使命感，不仅让我深受触动，更成为我学术道路上不断前行的强大动力。

二、邬先生的学术风范与勤奋精神，激励我们不断攀登学术高峰

邬先生深厚的学术造诣和严谨的治学态度，始终让我敬仰不已。他长期致力于从哲学的高度和独特的思维视角，深入剖析中国的老龄问题，提出了一系列富有创新性和前瞻性的理论观点。

记得在 2017 年 11 月的学会换届大会上，我作为新任会长发表了就职演说，强调了中国老年学和老年医学学会在应对人口老龄化挑战中的学术责任和智库

邬沧萍教授与刘维林会长

功能。邬先生对我的观点表示了高度的赞赏和支持，特别是当我提及自己毕业于中国人民大学哲学系时，他更是多次强调，对老龄问题的研究应当从哲学的高度出发，以推动学科的进步和老龄问题的有效解决。他还曾多次提及学会从“中国老年学学会”更名为“中国老年学和老年医学学会”的过程，强调了多学科、跨学科、交叉学科研究在解决老龄问题中的重要性。

多年来，邬先生对中国老龄化和老龄社会问题的研究展现出了日益宽广的视野和深刻的洞察力。他的研究从老年个体到老年群体，从老年群体到老龄社会，逐步上升到哲学的高度，运用系统化的辩证思维来全面审视老龄和老龄化问题。从 1993 年提出的“健康老龄化”，到 2005 年以后的“积极老龄化”理论，再到 2019 年出版的《老年价值论》以及 2020 年提出的“存在决定健康长寿”理论，邬先生的学术成果不仅丰富了中国老龄问题的研究，也为我们提供了宝贵的思想启示。

邬先生的学术成就源于他勤奋的工作态度、高效的工作效率和不懈的敬业精神。他每天坚持阅读、关注时事，保持敏锐的洞察力和活跃的思维能力。即使在退休后，他依然笔耕不辍，不断有新的学术成果问世，从未停止为国家和社会贡献自己的力量。他以实际行动告诉我们，无论身处何种境地，都要保持对社会的热爱和贡献。这样的人生，才是真正意义上的圆满。

邬先生的这种对学术的热爱和执着追求，不仅激励着我们不断前行，也为我们树立了学术研究的典范；这种学术风范和勤奋精神，不仅引领着中国老年学的发展方向，也为我们每一个人提供了宝贵的精神财富。他的学术成果和思想贡献将永载史册，他的勤奋精神和执着追求将永远激励着我们不断攀登学术高峰。

三、邬先生的高尚品质和人格魅力，永远是我们学习和追求的典范

邬沧萍先生不仅以其卓越的学术造诣，成为业界公认的学术大师，更以其崇高的品格和独特的人格魅力，成为我们敬仰和效仿的楷模。他始终保持着一颗年轻的心，不断探索新知，紧跟时代的步伐，积极应对社会的变迁。他的独到见解和深刻思考，为解决人口老龄化等社会难题提供了宝贵的智慧与指导。

在邬老百岁诞辰之日，我曾登门拜访，与他进行了深入的交流。他精神矍铄，思维敏捷，分享了许多宝贵的人生经验和见解。那些交流的画面，如今依然历历在目，成为我心中永恒的回忆。邬老谦逊而亲切，平易近人，他总是以开放的心态倾听他人的声音，接纳不同的意见。他严谨认真、一丝不苟的工作态度，不仅体现了他对学术的敬畏，更彰显了他高尚的品质和人格魅力。这些品质深深地影响着我，使我时常反思自己的不足，每一次与邬老的交流都如同一次心灵的洗礼，让我获得无尽的力量和勇气。在他面前，我始终怀着一颗谦逊的心，渴望像他那样去生活、去学习、去研究、去工作，将他的精神风范融入我的日常。

在此，我深情缅怀邬沧萍先生，不仅是为了追寻他的足迹，回顾他卓越的学术贡献和崇高的人格魅力，更是为了将他的精神风范传承下去。愿邬老的精神永远照亮我们前行的道路，激励我们在学术的道路上不断探索，为社会的进步与发展贡献自己的力量。

邬老师对我的影响

杜　鹏

我于 1982 年秋天进入中国人民大学人口研究所本科学习，开始认识给我们班上课的邬老师。1989 年秋天，我开始跟邬老师学习，攻读博士学位的研究生，1992 年博士毕业后，我留在了人口研究所工作。

这以后，1993 年邬老师建立老龄研究中心，2003 年建立老年学研究所，我都在邬老师身边工作。在我之前，邬老师指导的已经毕业的研究生还有 2 位，但都去了校外或国外工作。因此，我是在邬老师身边学习和工作时间最长的学生。43 年来，邬老师的言传身教对我的学术生涯和生活都有着非常重要的影响。

首先，他的治学态度深深影响着我。邬老师是我国人口学的开创者之一，也是中国老年学的奠基者。1982 年人口普查之后，邬老师发表了多篇文章提出中国人口老龄化及老龄问题，并呼吁对人口老龄化开展系统的研究，同时自己身体力行。

我在邬老师指导下开始读博士时，人口老龄化就是邬老师给我明确的学习和研究方向，这方面的研究也成了我以后的主要研究领域。因此可以说，邬老师的指导直接影响了我此后的学术研究方向。

邬沧萍与学生杜鹏

邬老师在治学中非常勤奋，也非常认真。在我上本科时，去邬老师家中就看到书架上贴着一张字条，上面写着“闲谈莫超十分钟”，他把更多的时间都用在了教学和研究工作中，这也给去过邬老师家里的人都留下了极深的印象，但他在指导学生和讨论学术问题时从不限制时间。另外在讨论学术问题时，邬老师每次都非常认真地准备（他家里有一个文摘卡片柜和各种自己收集的文章剪报），每次都是经过认真准备与思考后约我去谈相关的研究内容。

邬老师明确提出他的观点和相关的文献，给人感觉思考非常深入，条理非常清晰，讨论过程也非常平等。邬老师这样的研究习惯一直保持到生命的最后，这对我和其他学生都是一个无声的鞭策，也直接影响着我的治学态度。

现在回想起来，我上大学认识邬老师时，他已经 60 岁了，直到百岁高龄，邬老师都保持着这种认真治学的态度。他在 90 岁之后，每一到两年都有主编的新书问世，每年都有多篇文章发表。

在 90 岁以后，邬老师常用的一句诗是：“老牛自知夕阳晚，不用扬鞭自奋蹄。”他这种不断探索、笔耕不辍的精神一直是我学习的榜样。

在邬老师的言传身教下，我从2005年开始在学校担任行政职务以后，一直以邬老师为榜样，努力工作，加班加点，尽可能将时间用在老年学教学和研究工作中。

这些年来，我能够取得一些学术上的进步，与邬老师的指导和鼓励是密切相联的。特别是作为邬老师在老年学领域的主要弟子，我一直努力将老年学学科建设与研究工作做好。

从2004年开始，我每年组织召开中国老年学学科建设研讨会，到2024年已经是第二十届了。每次大会开幕式，邬老师都亲临做主旨发言，将新的研究成果与大家分享，充分反映出邬老师对中国老年学科发展的重视和对我的大力支持，更反映出邬老师在不断地思考和研究，不断提出新的思想，对中国老年学的发展持续产生着重要的影响。

邬老师对学生的态度影响着我的成长和我对学生的态度。中国人民大学有着优良的学风和师风，从邬老师身上就可以看出，他自己博学多识，待人谦和，对待学生非常用心，这不仅反映在学术研究上，也表现在学术传承上。

由于邬老师注重对学生的培养，因此在学生成长过程中也给予了巨大的帮助，我自己更是受益良多。

邬老师是1951年从美国携全家回来建设新中国的。回到祖国的邬老师不仅有着广阔的国际视野，还对中国社会经济的发展倾注了满腔热情。

改革开放之后，邬老师是中国人口学者与国际学术界交往最多的学者之一，国际交往对于他重视老年学科的建立与发展也有着密切的联系。在博士研究生学习时，他就让我重视国际上的研究成果，积极参加国外学者到学校来进行的学术交流活动。

在邬老师的鼓励下，我承担了美国、澳大利亚等国外著名学者讲座的翻译工作，使我得到了较多的锻炼机会。工作以后，邬老师又将他在国际上有关的学术联系人或机构都介绍给我，为我后来的国际经验积累和学术交往奠定了坚实的基础。

邬老师还与他在国际上两个重要的学术朋友联系，将我先后介绍到他们那里访问学习。例如 1995 年，邬老师推荐我到澳大利亚弗林德斯大学老龄研究中心做访问学者，当时这个中心的主任安德鲁斯教授是国际老年学会主席。我于 2000 年年底又到这个中心做了一年访问学者。

1995 年年底，邬老师推荐我到美国杜克大学人口研究中心做了将近一年博士后，这个人口研究中心的主任迈尔斯教授也是邬老师的老朋友，他曾担任过美国老年学会主席。

这两个地方的访问学习经历开拓了我的视野，另外，由于国际老年学主要学术活动的参加者基本上都认识邬老师，所以安德鲁斯教授和迈尔斯教授，对我也非常关注和支持。这些无疑对我以后参与国际老年学会等国际学术活动奠定了很好的基础。

上述经历对我影响很大，2009 年到 2013 年我担任了国际老年学和老年医学学会亚洲、大洋洲地区主席，2007 年到现在连续两届担任联合国国际老龄研究所董事（董事长是联合国第一副秘书长），2008 年到 2016 年担任了两届国际助老会董事。在上述国际学术组织任职都是中国学者的第一次，在当时对扩大中国的国际学术影响力具有积极意义。

从 2012 年开始，我在国际上组织了金砖国家老龄论坛，先后在捷克、韩国、英国召开了三次，发挥了中国学术界的国际引领作用。这些国际学术活动的参与都与邬老师对我的培养和帮助密切相关。

在国内，从 2007 年到现在我一直担任中国老年学和老年医学学会副会长、北京市老年学学会会长、民政部专家委员会委员。在我的这些工作中，邬老师都给予了多方面的指导和支持。

我从邬老师对我的培养过程中体会到，对学生的培养不仅仅是在学习阶段，实际上在毕业后的工作中都会产生极大的影响，所以，我也将这种优良传统向下传递，也在学习和工作中尽可能为学生提供多方面的帮助，将许多国际和国内的学术活动参与机会介绍给其他学者，带动大家积极参与。

2017年9月，郭老师95岁生日时与学生杜鹏、孙鹃娟、唐颖合影（从右至左）

中国老年学还处于起步阶段，国际社会的经验非常值得借鉴。邬老师的前沿视角也鼓励着我们在扩展视野的同时，扎根中国的实际，了解基层的现状，在研究中提出有针对性和有可操作性的建议。

在邬老师的大力支持和帮助下，我在 2006 年组织出版了《老年学译丛》，将三本重要的英文老年学教材译成中文。2016 年又组织出版了《当代老年学名著译丛》，翻译出版了五种老年学专著。这些译著对老龄研究和老年学教学都发挥了积极的促进作用。

其次，邬老师对生活的态度也影响着我。生活中的邬老师非常谦虚、豁达、乐观、包容，对学生和同事非常关心。几十年来，邬老师经历过许多事情，包括在人民大学停办时下放到江西“五七”干校劳动，但在思考这样的动荡对国家和个人带来的影响的同时，邬老师也谈到，这样的经历对于他这样的海归是一种磨炼，并鼓励我们多深入到农村基层了解各种真实的社会状况和问题，认真研究如何为促进社会发展做出自己的努力。

平日里邬老师每次见到我们，在谈学术研究的同时，一定会问我们的生活和工作状况，知道有困难时都给予极大的帮助。

在我上本科的时候就曾看到，为了帮助经济上有困难的同学，邬老师就请他们在学习之余到家里帮助做些整理文献的工作，并给予报酬。实际上，这是邬老师在创造机会帮助学生增加收入，解决困难。

我在上学和工作时，得到邬老师在生活和学术方面的帮助最多。在我结婚的时候，当时我还在读研究生，也没有办婚礼，邬老师作为导师和证婚人专门与我们夫妇在家里吃饭祝贺。邬老师的言传身教使我对学生和同事也更加关心，有需要帮助的时候我也都尽力在经济上或者生活上予以支持。

经常听到有人评论说人民大学的老师总体上比较低调，实际上，从我与邬老师的学习和工作交往过程中就可以理解，像邬老师这样的学术大家在工作和生活中都是这样的谦和勤勉，在研究和生活中都是这样的实事求是和提携爱护。作为学生，我们有什么理由值得张扬？又有什么理由不将这样优良的师德和学风传递下去呢？

永远的导师，永远的怀念

姚　远

邬沧萍教授离开我们已经一年了，每当回忆起邬先生的音容笑貌，昔日对我们的教导和关怀，我心里就很不平静。从我第一次见到邬先生到邬先生永远离去，经历了 38 年。在这 38 年间，我和邬先生既是师生，也是同事。作为邬先生的学生，我受到邬先生的谆谆教诲将永生难忘。《周书》上说，“经师易求，人师难得”。邬先生之于我，既是经师，也是人师。我永远是邬先生的学生，邬先生是我永远的导师。

1985 年 7 月，我研究生毕业被分配到人口研究所工作。9 月开学前，所里召开全体教师和行政人员会议，布置新学期工作。老师们陆陆续续进来，相互交谈、打着招呼。我第一次参加这种会议，没有认识的人，心里有些紧张。这时，一位精神矍铄，头发和服装都非常整齐的老教授进来，看到我们，他没有去就座，而是走过来和我们说话。当他知道我是郑昌淦教授的学生时，立刻说：“我和郑教授非常熟悉，我们都是民盟的，欢迎来我们所工作！”短短的几句话，使我感到无比温暖和亲切，我的紧张立即消释。我在读研时就知道人口所有位著名教授邬沧萍，但从来没有接触过，没想到这次竟能面对面对话，近距离领略学术大师的风采，当然，当时并没有意识到以后我竟能成为邬先生的学生。

我是新中国的同龄人，从小受到的教育就是“好好学习，天天向上”，上学深造成为我的人生理想。1978年高考，我有幸考入中国人民大学。进入大学之日，我就立下本科后读硕士、硕士后读博士的目标。由于当时博士生导师很少，每个导师能够招收的博士生数量也有限制，所以我硕士毕业以后，没有联系到合适的博导，只好工作了。工作以后，教学、科研、出国进修、当班主任、兼任系副主任，还有家里父母子女的一堆事情，一晃就过去了10多年。尽管如此，读博士的想法我始终没有丢弃。在年龄临近半百之时，我找到研究生院领导，问我这个年龄能否再读博士。他们回答，只要有导师愿意接受我，是可以的。我很高兴，决定报考仰慕多年的邬沧萍教授的博士生，攻读老年学。报考邬先生门下的学生较多，邬先生是否同意接受我这个大龄学生，我心里没底。在一次系所例会后，我鼓足勇气问邬先生：“我想报考您的博士生，是否可以？”邬先生立即回答：“好啊，好好准备考试吧！”当天夜里，我兴奋得一夜无眠。

在读博的四年中，邬先生手把手地带着我，引领我进入老年学领域，从对老年学懵懵懂懂到对老年学有了初步的了解。邬先生是大师级教授，他培养博士生有个特点，就是为学生建立一个很高的目标。邬先生经常说，他培养的不是普通的博士生，而是一个老年学家。虽然我是笨学生，最终没能达到导师的期望，但是我对导师在指导过程中的用心用力用情却是深有体会的。为了激励我们成才，邬先生采取了多种方法，一是不断强调这个目标。在集体辅导或个别辅导中，邬先生经常勉励我们，一定要认真学习，努力学习，争取成为名副其实的老年学专家。二是精准设计培养方向。邬先生根据每个学生的背景和特点设计了不同的研究和发展方向，以使每个学生都能尽快成长。三是提供最新老年学信息。邬先生经常参加国际国内老龄方面的会议，每次开完会，邬先生都会第一时间把会议精神告诉我们，所以，作为邬先生学生的我们都能够及时了解国内老年学研究的变化和政府决策的最新动态，始终处于老龄问题研究的最前沿。四是带我们参加各类会议，把我们介绍给其他老年学前辈和相关专家教授，使我们尽快熟悉并融入国内老年学圈子，和老年学界的学者和朋友建立融洽的关系。五是帮助改稿子。邬先生的约稿很多，每次邬先生写完都会首先交给我们，征求对稿子的意见。虽然我们获益匪浅，但有时也会对稿子提出我们的看法，有增有删。邬先生从来不生气，反而很高兴，认为我们动了脑子，在用心读稿。六是融洽的师生关系。邬先生是大师和前辈，我们是学生和晚辈，但邬先生对待我们从来没有架子，而是像对待自己的家人一样，关怀备至。邬先生每次见到我，都要问候我近百岁的母亲，并了解她的情况，还经常问候我爱人和孩子，询问他们的近况。邬先生培养我们的良苦用心，我们当时还体会不深。这么多年以后，我们也做了教授，也带硕士研究生和博士研究生，再回想起邬先生对我们的培养，深深感受到邬先生对学生的爱护和老一辈学术大师的高度责任心和事业心。

邬先生给予我的不仅是老年学知识，还有做人处事的道理。我和邬先生，既是师生，也是同事。我多年负责系所工作，会遇到很多烦心的事情，每到这种时候，我就会想到邬先生。邬先生平日的宽容大度、笑对万事万物、不计较不强求的人生态度，常常成为我化解烦恼、提振精神的灵丹妙药。在一次会议午餐时，一位女老师请教邬先生的长寿秘诀，邬先生讲了9个字："身要动，脑要用，心要松。"在《健康百岁书：健康长寿专家共识》一书中，邬先生又进一步将长寿秘诀概括为"仁者寿，勤者寿，乐者寿"。这9个字是邬先生人生经验的总结，包含了经验、体悟、认知、哲理，是对我们晚辈做人做事做学问的最好指导。邬先生终生勤奋，笔耕不辍，成果等身。看着邬先生生前出版的一部部巨著，我们这些做学生的还有何颜面休息和懈怠？

邬先生的学识、声望、人品、成就已如一座高山，我"虽不能至，然心向往之"。"邬先生的学生"是我至今最引以为傲的名片。导师的榜样和教导将永远是我人生中的无价之宝。

邬老师与姚远教授

莫道桑榆晚　仍存万里心

——深切缅怀恩师邬沧萍先生

穆光宗

我国著名人口学家、老年学家，中国人民大学一级荣誉教授邬沧萍先生于2023年6月13日21时21分在京因病逝世，享年101岁。邬先生是人口学、老年学学科的重要开拓者和奠基人，他的去世是我国人口学和老年学界的重大损失。作为他的学生和弟子，抚今追昔，我写下这篇文章以表达深切的缅怀之情。

我与邬先生的缘分开始于1985年7月，彼时我刚刚从中国人民大学经济系本科毕业之后留在人大人口研究所工作。1995年，我开始在职攻读邬先生的博士研究生，2000年毕业。屈指算来，我认识邬先生已经38年了，在历史的长河中，真是弹指一挥间，渺沧海之一粟；但就人生的尺度而言，时间亦不可谓不长。

一、康寿四法

2014年中宣部、全国老龄办评出的17位“最美老有所为人物”中，邬先生是最年长的健康老人。初识邬先生，他已63岁，年龄上虽然已届花甲，但精神矍铄，气宇轩昂，声如洪钟，气场强大，可谓气吞万里如虎，一点不见老态。印象中一直到2023年年初病重入院，老人家晚年一直都是健健康康的，这一生也没有因为重病住过院。作为康寿的典范案例，的确有很值得总结的人生经验。

“仁者寿、勤者寿、乐者寿、智者寿”，这是邬先生的长寿秘诀，是他眼中的长寿四大法宝。他一生都在践行健康老龄化和积极老龄化的正确主张，是老有所健、老有所学、老有所为、老有所用、老有所成的典范人物。古代中国有人生五福之说，五福指长寿、富贵、康宁、好德、善终。显然，邬先生不仅是五福老人，还多了一福，就是子贤。

仁者体现在邬先生的家国情怀和大气磅礴上。邬先生自己说过：仁者是说心态好，实为好德也。在 2020 年 7 月下旬，先生在《爱国、建言、参政——我的民盟之路》视频演讲中谈道：“国之所需，我之所向。”邬先生曾经说过：“我希望在有生之年能对我国积极应对人口老龄化问题、提高老年人生活质量作力所能及的贡献。”作为老一辈知识分子，他身上的家国情怀是浓烈的。在人大为他庆贺八十大寿的那一天，他在即席发表的答谢词中说的一句话：“我本就是中国人，回到祖国还需要理由吗？”给我印象至深，他的“国”就是他的“家”，没有祖国，何以为家？自古家国同构，家国情怀、爱国爱家、天下兴亡匹夫有责更是中国知识分子优秀的精神传统。中学时期，国内七君子烈士事迹给他播下了爱国的种子。晚年他回顾道，新中国成立之初留美回国是其人生最大的选择。也可以说是最正确的选择，否则中国就会无缘一位大先生。无疑，作为一位有代表性的优秀知识分子，以国为家、天下兴亡匹夫有责的情怀彰显了邬先生的博大胸襟，这也是他晚年学术取得卓越成就的精神底色。他也很佩服费孝通先生的大社会观，佩服他对国家社会乃至人类社会前途命运的高度关切。所以，费老不仅是社会学家、人类学家，而且是能提出“各美其美，美人之美；美美与共，天下大同”的思想家。邬先生站位高，他说要像费先生那样站在人类进步的立场来思考大问题、大格局和大趋势。老人家高度关注国家重大问题的报国之志特别让人感慨，更是留给后人的宝贵精神遗产，幸为邬门人，当承先生志。

勤者体现在邬先生的脑勤和体勤。回顾先生的学术生涯，可以说是一日不用脑，一日便空过；无日不用脑，无日不思考。天才出于勤奋，在他生活的字典中似乎从来没有过节假日这几个字，他到了晚年仍然保持着探索真理的高度热情和大先生的知识生产力。他的雄心是要亲身验证一下老年知识分子的潜能到底有多大。可以说邬先生和很多德享高寿的仁者一样也有按时作息的良习，规律生活，适当运动，每天晨起就做一套自己总结的体操。这不仅赋予其磅礴的生命以岁月，而且给了峥嵘的岁月以生命。

乐者体现在老先生的心无挂碍、心无旁骛，总是笑容可掬，温和亲切，具有很强的亲和力。先生生性乐观豁达，哪怕是 1957 年至 1958 年响应党的号召下乡劳动、改造思想、种菜种稻的非常时期，也没有怨言，而是心态平和，知足常乐，与人为善。乐观的性格、豁达的性情使得艰苦的劳动变成了别样的人生体验，使他认识到农村生活的艰辛。随遇而安、顺势而为、爱国爱家、爱岗敬业正是先生百年辉煌的人生秘诀。北京农村四季青、湖南湘潭“四清运动”、江西“五七”干校三次下乡劳动先生都荣获过劳模称号，说明了他一以贯之的勤奋乐观精神和对自己的高标准、严要求。

先生的学术成果主要诞生于 1980 年后改革开放时期，其时生活中的顺达和事业上的成功给先生带来了巨大的成就感，使他心情舒畅身体康健，哪怕到了耄耋之年乃至百岁高龄，精、气、神都很足，真是世不二出的国宝级人物。有时，邬先生会发自内心地暴发出婴儿般纯真的大笑，熟悉先生的人无不受到感染。邬先生身上乐观豁达的特质是一望便知的，即便遇到生活中的烦心事，他的秘诀就是善于转念，始终保持人生正念和学术报国的初心，以苦为乐，以思为乐，以写为乐。

智者体现在以学广智。终身学习，日日进知，是智也。过了百岁生日，邬先生仍坚持天天看书读报，学习、思考和研究的学者习惯保持了一辈子，真可谓生命不息，奋进不止。

他的健康智慧体现在：认真践行合理膳食、规律作息、戒烟限酒、适当运动、心理平衡、充足睡眠、积极乐观的“多支柱”健康生活方式和行为方式，特别是保持脑健康乃至精神健康是邬先生的长寿之道。脑是人体的司令部，主宰着身体的功能健康，脑部的活力程度是长寿的重要保证，脑健康就是要尽可能保持认知能力。先生保持脑健康的秘诀就是勇做一个用进废退的哲人，保持心理、情绪、精神的健康秘诀则是转念，始终保持正念和正能量，使心灵永远处于“正、清、和”的高超境界。学以致用、用以成就的良性循环保障了先生的身心康泰。这是邬先生的宝贵经验和长寿法宝。

对于积极老龄化，邬先生有自己的体会。在先生看来，老人要多和社会接触，进行“再社会化”，保持生命的开放性和活力。老有所为是可大可小的人生价值的自我实现，而有所作为的老年人不仅指精英知识型健康老年人，还可以是普通平凡的一般老年人，只要有能力又有志愿的老年人皆可老有所用、老有所成。老年人在力所能及的范围内，提高自己的自理能力，减少对社会的依赖也是一种正能量。这是他个人的康寿心得，亦是宝贵的人生经验。

二、参政建言

纵观邬先生一生，可以说做一个自我价值实现的人，高度重视和发挥人生的正能量和社会价值，将个人命运深度融入国家发展的主旋律中，学以致用、学术报国一向是先生的最高追求。邬先生曾经担任民盟第五、第六、第七届中央常委，全国政协第五、第六、第七届常委。他肝胆相照，不遗余力，以自己的独立思考为国家决策的民主化和科学化提供智力支持，彰显了学者良知和社会担当，发表了很多有关人口问题和老龄问题的真知灼见，作为党和政府的决策参考。譬如 1992 年在全国政协七届最后一次会议闭幕会发言时，他建议普遍宣传“计划生育丈夫有责”，在社会上引起很大共鸣，反映了妇女的心声，推动了社会的性别平等。

1982 年，先生就意识到中国的人口老龄化将快于其他国家和地区，应对人口老龄化必须有科研人才的培养，于是在全国政协会议上向国家教委、老龄委等建议在高校成立老年学专业，招硕士、博士研究生，成立中国老年学学会，这些建议和提案先后得到落实。1983 年，先生先后招收了老年学方向的一位硕士和两位博士。2003 年，在先生和其他同事的多年努力下，中国人民大学正式成立老年学研究所。先生深知老龄问题的解决不能仅仅停留在研究层面，《老龄工作应纳入政府的职能》一文就是基于全国政协会议上的一篇发言写成的，他认为计划生育是人口老龄化的重要原因，将老龄工作纳入政府职能可缓解实现计划生育夫妇的后顾之忧。

在第八届全国政协五次会议上，先生在大会发言中提出要重新审视人口老龄化问题，指出老龄问题已经逐渐成为一个政治问题，他从四个方面呼吁：第一，避免出现一个经济上相对贫困的老年群体；第二，减轻健康上最脆弱群体的压力；第三，尽量减少抚养比提高的不利影响；第四，缓解家庭养老的困难。接着提出了五点建议：一是要提高全社会的老龄意识；二是把老龄工作纳入政府职能；三是做好应对人口老龄化的各项准备工作；四是积极促进健康老龄化；五是建立老年人能共享发展成果的社会机制。这些高屋建瓴的观点获得了政协代表的赞赏，后经《新闻联播》播出，更是在社会上激起了反响。

邬先生自己认为这一生的主要贡献诞生于改革开放之后。他积极响应民盟中央提出的“出主意、想办法、做好事、做实事”的号召，积极参与到国家和区域发展政策的制定和实施，曾经深入到贵州毕节贫困地区调查，曾经担任民盟中央教育委员会主委，对推动教育改革提了不少建议。

三、治学之道

总结先生的学术贡献离不开对其治学之道的探究。概括来看，他的治学经验如下。

一是研究中有高超的哲学辩证思维的指导。他留美时学的是工商管理和统计学，但当他调入人大后，经过四年的马克思主义系统学习，全面改造了自己的世界观、人生观和价值观，颇有一览众山小、山高人为峰的感受，深刻把握了马克思主义的精髓是“解放思想、实事求是、与时俱进”的方法，让它成为其人口学和老年学研究的根本指导思想。深厚的哲学功底使他到了花甲之年能够厚积薄发、卓有建树。他形象地将马克思主义比喻成“望远镜”和“显微镜”，终生受益。掌握了马克思主义哲学思维的精髓，使他能站位高看得远、看得深看得透，所以先生善于发现问题并总结提炼，终成一代大家。他善于从事物的内在联系中发现和把握规律，最突出的一点是早在1983年他就以高度的学术敏感性意识到中国初露端倪的人口老化问题，不仅亲自研究，于1984年在《人民日报》发表了国内最早的老年学文章，还在国内最早带了老年学方向的研究生，为国育才。识大势者为俊杰，他在1974年选择人口学为自己的事业，说明了其深远的独到眼光。2017年以后，他还多次对时任中国老年学和老年医学学会会长刘维林说：中国老龄问题需要从哲学社会科学的高度进行研究，即以系统化的辩证思维来研究。他从马克思主义“存在决定意识”的命题中衍生出“存在决定健康长寿”这一深刻认识。

二是审时度势，善抓机遇，顺势而为。邬先生始终保持着高度的学术自觉性、学术敏感性和学术前瞻性。他在留美归国前选修了第二专业统计学，就说明了他的预见性。1983年，第三次人口普查数据公布，邬先生根据中国人口年龄金字塔的底部老化已经意识到我国人口老龄化已经初露端倪。1983年后，他迅速将学术兴趣和重点转向了对人口老龄化和老龄问题的关注。70年代末80年代初，邬先生和他的同事一起做了许多开拓性、基础性、奠基性的工作，如编写了《世界人口统计简编》《资本主义国家统计指标基础知识》《人口理论》，翻译《人口通论》、主编《世界人口》、创办《人口研究》、出版《人口译丛》。1979年5月15日，和刘铮教授合作在《人民日报》发表改革开放后第一篇人口理论文章《人口非控制不行》。1979年3月，和刘铮、林富德共同完成了重要报告《对控制我国人口增长的五点建议》，特别提出了“提倡一胎不能持之过久”的超前观点。他发现人口变量具有很强的滞后累积效应，如果这个问题起初不受重视，一旦积累起来就积重难返，解决起来非常棘手，出生性别比等人口结构问题便是如此！传统人口学是数量科学，只回答事实是什么（What），但先生却高瞻远瞩地指出还要回答变化的原因，回答为什么（Why）以及提出对策（How），人口学要研究怎么预防人口变化对于社会和个人的负面影响，人口学者责无旁贷。

三是博览群书、博采众长、萃取精华。邬先生的勤奋是出了名的，真是一勤天下无难事！早年他在书房里贴有一张纸条——“闲谈莫超十分钟”，广为人知。他在85岁退休前，晚上没有在12点前睡过觉。他有早起锻炼的习惯，20世纪80年代末到90年代，我经常在校园里看到先生一边慢跑一边收听英语广播。利用外语优势打通了中西方知识壁垒，引进国外人口学知识，为己所用，所以先生比一般人视野开阔。先生出国开会70多次，先后编著了《世界人口》《人口理论教程》《社会老年学》《转变中的中国人口与发展总报告》等几十部有影响的作品，终成一代大家，是人们心目中德高望重的“大先生”。在邬先生书房里，有一个特殊的柜子存放着学术宝库，里面装有很多经过先生精心筛选、分门别类积攒起来的信息卡片和报纸剪辑，这是邬先生在学会使用电脑前的资料库和无尽藏，正是他在日以继日的学术生涯中激发的灵感，成就了他学术“弄潮儿”的梦想。

四是他心胸开阔，善于接受新事物、新观点。1982年，维也纳第一次老龄问题世界大会召开，这次会议不仅唤醒了世界的老龄意识，也使邬先生意识到老龄问题是一个国际性问题。他对健康老龄化的研究，最初着眼于人口，后来扩展到社会，同时将健康老龄化的研究升级为积极老龄化的研究。我有幸与先生合作写过多篇（部）文章和论著，包括《中国的计划生育白皮书》（1995年）、《低生育研究——人口转变论的补充和发展》（1995年发表于《中国社会科学》）、《中国人口的现状与对策》（清华大学出版社1998年版，后由中国外文出版社出了英文版）。他审读初稿时对赞同的论述用红笔圈圈点点，对年轻人是莫大的鼓励。

五是他识大势、谋大局，文贵出新，学问贵于专心。先生对问题的把握和探索总是追根溯源，究其根本，可谓上下而求索，无论是对人口学对象的理解，还是对“Ageing”的解读，莫不如是。这些着重“根须处”的追问使他的学术一开始就带有奠基性的意味，成为一代大家绝不是没有理由的。先生总是强调，“要从整个社会发展甚至人类发展的角度来看一切学术问题，才能看得清、看得远”（《百岁人生——邬沧萍口述实录》第180页）。他回顾自己的学术生涯，感叹道：“做学问是不容易的，水滴石穿，没有安心、静心和执着之心，学问是做不了的”（《百岁人生——邬沧萍口述实录》第170页）。

四、学术贡献

邬先生的学术贡献可以分为三个方面来论述，即对国家人口计生政策的贡献，对人口学科、老年学科的贡献，对人口问题和老龄问题认识的贡献。

1979 年初，邬先生与同事合作撰写的《对控制我国人口增长的五点建议》研究报告，其中“杜绝三胎，大力提倡一胎，对于两胎不鼓励、不提倡、不反对，由育龄夫妇自愿选择”以及“一对夫妇只生一个孩子不能持之过久”的观点得到国务院的高度重视；率先开始对中国出生人口性别比的开拓性研究，提出出生性别比异常对今后会有深远影响，必须防患于未然，早为之谋。

在经历了 20 世纪八九十年代人口学从膨胀转向萎缩、由热转冷之际，先生在世纪之交为人口学正名的大作中高瞻远瞩地提出“人口学在 21 世纪是一门方兴未艾的朝阳学科”的著名观点，在其主编的《人口学学科体系研究》一书中指出人口学是不可或缺、无可替代的综合性哲学社会科学，人口学不同于人口统计学，人口学是一门学科，而不仅仅是一个专业，将人口学的对象定义为人口变量与其他变量的相互关系，以及人口变量与社会、经济、文化和整个社会生活之间的相互关系的一门学科。中国的人口学也不只是服务于人口控制政策或者计划生育国策，而是有着更宏大的内容和更崇高的使命，毕竟人口关乎人类命运和国计民生。中国是一个人口大国，而且伴随低生育而来的新人口问题、亚人口问题纷至沓来，人口规律的探索没有也不可能穷尽，邬先生的论述可谓正本清源，振聋发聩。中国人口问题的复杂性、多样性和变异性使得人口学大有用武之地。这些高见像明灯一样照亮了中国人口学的未来之路。

21 世纪 70 年代，邬先生提供翻译接触到了国外专业文献和最新情况，很早意识到了人口老龄化问题。1983 年第三次人口普查资料公布，先生开始分析人口年龄结构问题，提出控制人口增长的同时要重视老龄问题的研究。1984 年，完成了自己第一篇老龄文章《老龄问题和我们的对策》，在《人民日报》发表，指出出生率下降是人口老化的决定因素，要预防人口过分老化问题（与现今人口均衡发展的主张相暗合），同时提出要一分为二地辩证看待年龄、老年人群和老龄化这样充满哲理的观点。

邬先生是当之无愧的中国老年学的开创者，1986年中国老年学学会成立以来，在学会担任副会长、会长长达十年之久。1987年，他在《中国人民大学学报》发表的《论老年学的形成、研究对象和学科性质》成为新中国成立以来第一篇全面介绍老年学的论文，受到钱学森先生的充分肯定。在先生眼里，老年学是一门交叉性强的综合学科，老龄问题需要多学科的知识才能全面认识，因此他既关注人口老龄化问题，也关注老年人问题；既关注群体老化问题，也关注个体老化问题；既关注日历年龄的增龄问题，也关注健康功能的老化问题；既关注发展问题，也关注人道主义问题。

老年学虽然在中国是崭新的科学，先天不足，但先生坚信会在21世纪成为生机勃勃的朝阳学科。这源于先生对中国人口问题转型的洞见，长寿时代的到来必将使跨学科的老年学研究成为社会的需要。人文社会科学与老年医学、健康学、心理学科学的交叉和融合成为老龄研究的时代背景。1993年，国际老年学学会布达佩斯会议提出科学为健康老龄化服务；2002年，马德里第二次世界老龄大会提出健康、参与、保障三支柱的积极老龄化主张，极大促进了先生的老年学研究。

邬先生对于推进中国的健康老龄化功莫大焉。他指出，应对人口老龄化的关键是从制度和机制上解决好老年人的健康问题、延缓衰老问题。社会老年学是应用性学科，理应为国家应对老龄化提供智力支持。先生敏锐地意识到这是一个引领性概念，包括了群体老龄化和个体老化的双重含义，是一个国家战略问题，中国的目标是建设一个健康的或者良性的老龄社会，这样健康老龄化就不仅仅是指个体生命的健康长寿了，而是有了质的飞跃，相当于提出建立一个不分年龄、人人共享的健康社会，这是积极应对人口老龄化国家战略的题中应有之义。

对“Ageing”的含义作了正本清源的梳理，最初国内译成“老化”，后来在先生的建议下改成“老龄（化）”，因为它原初含义中包括了日历年龄“增龄”（年龄的增长）的意思，当然也有生理年龄、心理年龄“老化”（器官衰老、机能退化）的意思。然而，显然增龄的过程与老化的过程并不一定同时发生。无论是群体

北京市海淀区 中国人民大学人口理论研究所

邬沧萍教授：

首先向您祝贺！您写了一篇好文章，《老年学的形成、研究对象和科学性质》，我今天才在《中国人民大学学报》1987年2期上读到。中国亿万老年人都会要向您表示感谢！

随着我国社会主义建设的进展，老年人会更多起来，老年学的研究也就更加重要。正如您说的，"根据社会需要和科技进步，开拓性地研究老年学的各分支学科，将会如雨后春笋一样地出现和发展。"

但我想现在国外讲老年学，谈消极面多，谈补救措施多，如生活·读书·新知三联书店出版原 P.塞尔比 M.谢克特主编的《老龄化的2000年》，副标题就是"对社会的挑战"！而我们是社会主义国家，从马克思主义哲学观点看，老龄化既是社会发展进步的现象，即我们就应研究积极的一方面，不仅摆脱目前的被动局面，而且要使老年中国人也高高兴兴地能为祖国建设出力，发挥老年人之所长。社会主义中国要是老年人的乐园！这是中国老年学研究不同于外国老年学研究的地方。

此意是否有当？请指教。

此致

敬礼！并恭贺

新年！

钱学森

1987.12.22

钱学森回信

老龄化还是个体老龄化，其实都有增龄和老化的双重含义。提出健康老龄化体现在健康预期寿命（Healthy life expectancy）的提高上，亦即老年人余寿中带病期、伤残期和失能期尽可能缩短。总之，健康老龄化不仅要提高寿命长度，更重要的是提高寿命质量，进一步地将健康概念引申到社会、经济和文化诸方面。譬如，百岁时提出"存在决定健康长寿"这一涵义深广的论点，我称之为"邬沧萍命题"，实际上是各种社会关系的和谐存在决定着人类的健康长寿。这是近年来先生对健康长寿研究的新贡献。

首提"未富先老"的著名论断。1986年辽宁出版社出版了一套人口科普丛书，其中有一本先生的《漫谈人口老化》，率先提出"未富先老"观点，后来成为广为流传的有关中国人口老龄化与经济发展关系的经典判断。坚持"未富先老"的命题仍然具有重大的现实意义。

2002年，世界卫生组织针对当时世界各国人均预期寿命不断延长、老年人身体健康素质不断改善的情况下，在马德里举办的第二次老龄问题世界大会上正式提出“积极老龄化”理念。先生认为，“积极老龄化”命题是“健康老龄化”的升级版。先生还指出，不能将老龄问题理解为“老有所养”这个狭窄的问题上，而是要不断提高老年人的生活质量和生命质量（生存质量），这是颇有远见的。先生进一步提出要有终生福利、终生健康、终生教育来保证老年群体的生活质量。

在老年学学科建设方面，先生于1999年主编了接地气的有中国特色的教材《社会老年学》，并很早就认识到计划生育与人口老龄化的两难抉择，生育率持续迅速下降是人口老龄化加速发展的决定因素。他明确提出，社会老年学的学科归属是老年学，是交叉学科和朝阳学科，还专门就老龄问题中的人道主义方面，特别是发展方面进行了论述。在该书出版20年之后，先生凭借与时俱进的精神在期颐之年提出重修《社会老年学》的要求，既展现了先生的万里雄心，也体现了老年知识分子的高度责任感。先生的学术成果还有《老龄社会与和谐社会》（2012年）、《全面建成小康社会 积极应对人口老龄化》（2016年）以及《老年价值论》（2019年）。先生看到了我国老年人长寿而不够健康的挑战，失能老人、慢性病老人、亚健康老人规模惊人，所以特别重视世界卫生组织2015年对健康老龄化的新定义，即老年人的功能健康，只要老年人生活能够自理，保持独立性和自主性，就保持了健康老龄化的功能。我国进入了长寿时代，老年人中蕴藏着丰富的人力资源、人力资本和人才资源，在社会建设中的正能量十分巨大。因此，积极老龄化和健康老龄化都是长期的战略任务。

笔者的母校、邬先生工作了一辈子的中国人民大学沉痛悼念并深切缅怀邬先生，评价道：邬沧萍是孜孜不倦治学育人的“大先生”，是治学报国、老有所为的楷模。他终生践行“为人之大者”，始终把爱国报国放在第一位；终生践行“为学之大者”，坚持探索新问题，不断开拓新领域；终生践行“为师之大者”，勤勤恳恳教书育人，俯首甘为孺子牛。中肯、准确、高度的评价概括了邬先生光辉灿烂的一生！笔者以《深切缅怀恩师邬沧萍先生》小诗作为结尾：“泰山顶上不老松，人口老龄两奇峰。虎步人生今安在，回首夕阳满天红。”哲人其萎，然精神不朽！

论关系之和谐存在决定健康长寿

——“邬沧萍命题”的意义开拓

穆光宗

一、追问大时代之“邬沧萍命题”：此文的缘起

按中国农历，2021年9月是邬沧萍先生的百岁寿辰，这是我国人口学界、老年学界的一件大事。更引人瞩目的是，邬沧萍先生以长寿之身畅谈长寿之道，以健康之躯佐证健康之论，其高论睿见值得重视。《黄帝内经》说：“上古之人，春秋皆度百岁。”然而，为什么在科技飞速进步的今天，大多数人却活不到百岁？邬先生百岁人生的感悟，能带给我们什么样的启示？

邬沧萍先生是我国人口学和老年学事业的早期拓荒者和重要奠基人之一，学术声誉卓著，并提出了广为人知的“未富先老”等观点。特别是到了金秋晚年，依旧辛勤耕耘，不断求索，硕果累累，先后主编出版了《转变中的中国人口与发展总报告》（1997）、《中国人口的现状与对策》（1998）、《社会老年学》（1999）、《人口学学科体系研究》（2006）、《老年学概论》（2006）、《中国人口老龄化：变化与挑战》（2006）、《邬沧萍自选集》（2007）、《从人口学到老年学》（2010）、《老龄社会与和谐社会》（2012）、《全面建成小康社会 积极应对人口老龄化》（2016）、《老年价值论——积极应对人口老龄化的理论与实践》（2019）以

及2020年开始新修《社会老龄学》等有广泛影响的著述，此外还有不少论文和文章问世。邬先生先后荣获教育部人文社科一等奖、首届吴玉章人文社科终身成就奖、最美老有所为人物，是公认的人口学、老年学大家，是达到立德、立言、立功境界的时代榜样和风云人物，无愧于胸怀祖国、勇于创新、乐于奉献的“大先生”称号，也是他自己所提出的“仁者寿、勤者寿、乐者寿、智者寿”的真正践行者。

2005年，邬先生以中国人民大学一级荣誉教授身份荣退之后，迎来了他学术上的高光时期，创作热情高涨，可谓步入大自由、大境界、大成就之境，高屋建瓴地提出了内涵丰富的“存在决定健康长寿”等创新观点，颇有山高人为峰、一览众山小的学术气魄和宏大视野。邬先生于耄耋之年以百岁之身仍保持了旺盛的生命力和创造力，令人感佩不已。

2016年12月1日，在由中国人口学会与联合国人口基金等机构在北京友谊宾馆联合举办的“人口老龄化与可持续发展国际会议”开幕式上，邬沧萍先生首次发表了“存在决定健康长寿”的讲话。自此之后的几年里，邬先生不断深化对这个命题的认识。2020年4月，邬先生以“存在决定健康长寿”为主题，在线上推出了人口老龄化国情教育大讲堂——战疫特别节目。这一命题引发了笔者的思考，回想起1935年，我国留法回国的人口地理学家胡焕庸先生提出的一条闻名中外的人口地理分界线（瑷珲—腾冲线），在国际上被命名为“胡焕庸线”。相似地，此处笔者有意将“存在决定健康长寿”命题称之为“邬沧萍命题”。但顾名思义，“存在”（Existence）是一个高度抽象的概念，难免语焉不详，见仁见智。值得探究的是，究竟是什么样的“存在”能够决定健康长寿，这个问题直接触及长寿的本质，有必要作进一步的思考、讨论与阐释。

二、什么样的“存在”决定了健康长寿

根据邬先生在《百岁人生——邬沧萍口述实录》对“存在”的解释：“我所讲的‘存在’是从唯物论‘存在决定意识’中发展衍生而来，存在是指人类

赖以生存和生活的外在环境、条件和社会关系的总称。其中，环境包括宏观和微观的自然环境和社会环境，条件则是人类在生存和生活中具备体能和智能发挥的硬条件和软条件。”具体包括了：能保障基本生活的物质条件，维护健康的条件，保证人生存、生活和功能发挥的条件。在邬先生的观点中，社会关系指人类生存和生活在家庭、社区、社会中的各种人际关系，包括婚姻关系、代际关系、亲属关系、朋友关系和工作关系等。

“存在决定健康长寿”论题激起了我的追问：究竟是什么样的存在决定了人类的健康长寿？如果我们能明白其中的道理，无疑将在理论上有巨大的指导意义。长寿的原因有很多，譬如基因、饮食、生活方式以及所处外部环境的影响。“存在”这一概念不仅包括了个体生命的存在，也涵盖了生活环境的存在。马克思对“人”有过经典的定义，即人是社会关系的总和，还指出人口是具有很多规定和关系的丰富的总体。亚里士多德也说过：人是社会性的动物。由此启发，以此破题，或许能接近问题的核心。

我们可以设想一下，人类其实就生活在纷繁复杂的关系网络中，以个人为中心，层层外推，交织着不同类型的关系，如自我关系、家人关系、亲戚关系、工作关系、朋友关系、社会关系和环境关系等。这些关系又可纳入三个维度的自我关系、人与社会的关系（包括人我关系）以及人与自然环境的关系（即天人关系）中来认识。

具体而言，天人关系、人与社会的关系、人我关系和自我关系，多重关系的存在共同构成了人类广义的社会关系，也构成了决定健康长寿程度的关系变量网络。首先，天人（我）关系要求人类敬畏自然，循道而行。《道德经》曰：“人法地，地法天，天法道，道法自然。”《道德经》中所说的“道”即自然而然，长寿之道也如是。天人关系的本质是天我合一、天我相应，掌握生命生生不息之自然法则。譬如，笔者在 2000 年曾经提出“绿色长寿”概念，就是想说明青山绿水与健康长寿的天人关系。我国长寿人口大多分布在青山绿水的益生环境。许多事实表明，受到污染（废水、废气、废物）的环境滋生了病苦老龄化，导致了辱寿和折寿，与健康老龄化背道而驰，比如，我国分布在27个省、共有400多个癌症村的环境调查显示，受污染的土地、水质和空气会通过毒食物链、生态链威胁和损害人类健康。癌症村的问题主要是化工重金属排放导致土壤污染和水土污染，最后侵害人体。因此，倡导和建设生态文明的意义就在于可以从根本上改善和提高人类的生存环境质量，以及生活质量和生命质量。在这个意义上，生态文明建设（美丽中国）与健康中国战略是一体两面、也是一脉相承的。

20世纪60年代，日本在快速工业化过程中曾经遭遇严重的产业公害，对日本国民的健康造成了严重的威胁，因此环境与健康问题及其治理引发关注。如今，日本老年人普遍长寿，而且健康老龄化实现程度高，许多高龄老人还在从事力所能及的工作，日本也准备打造永不退休的社会。这也宣示了老龄化程度和平均寿命均为世界第一的日本对老年人口生产力和老年人口红利的自信。而日本国民寿命长不能不说与其优良的生态环境、极高的森林覆盖率以及极其严格的食品安全法有关。为此，中国要借鉴这一经验，打造零污染的自然环境，并建立严格的食品安全供给体系。

近年来，尤其自2022年以来，全球极端气候事件频发，极端高温、大面积山火、严重蝗灾、突发性洪水、泥石流和沙尘暴等接踵而至，不仅给世界造成重大经济损失，而且全球气温的快速上升和自然环境的急剧恶化已严重损害人类健康，导致新传染病病死率上升。若不遏制住气候变暖速度，气候变化将对未来的全球公共卫生产生重大威胁。《柳叶刀》《中国科学通报》等参与的联合社论发表，呼吁国际社会共同行动起来应对气候变化、恢复生物多样性并维护人类健康。

人是环境的产物，地球是人类赖以生存和栖居的宇宙小环境。毫无疑问，气候系统的许多变化与日益加剧的全球变暖直接相关，严重威胁人类健康，如热射病、高温中暑等。根据中国科学家合作撰写的《“柳叶刀倒计时”人群健康和气候变化2020年中国报告》，2019年，中国热浪引发的死亡人数为2.68万，增长趋势显著，其中死亡率最高的三个省份分别是山东省、河南省和安徽省。从2000年到2018年，全球65岁以上的老年人群体中与高温相关的死亡率增加了53.7%，仅在2018年，全球就有29.6万名老年人因高温而失去生命。另外，气候变暖引起的冰川和冻土融化，可能会释放出冰封已久的史前病毒，从而带来新的未知疾病。

广义的人类环境包括了内环境与外环境。正如《黄帝内经》所总结的："夫百病之始生者，必起于燥湿、寒暑、风雨、阴阳、喜怒、饮食、居处。"从外部环境看，打造良好的生态文明体系，可以为人类健康保驾护航。人口城市化是历史发展的大趋势，但要实现高质量的人的城市化，就要打造山水相依的绿色城市、森林城市和花园城市，保持清洁的水源、空气和洁净安全的食物供给，使得人们的生活环境和人生都更美好。

道法自然，日出而作、日落而息，人的生活要遵循自然大道。合乎天道，按时作息，劳逸结合，规律生活。根据春生夏长秋收冬藏四时变化来调节饮食起居。《黄帝内经》曰："法于阴阳，和于术数，食饮有节，起居有常，不妄作劳，故能形与神俱，而尽终其天年。"根据人体内在的生物钟理论来养生，善养正气和阳气，保护生命的生机。《黄帝内经》曰："恬惔虚无，真气从之，精神内守，病安从来。"真气和健康长寿关系密切，人命存于一呼一吸之间，一气不来，便是后世。《黄帝内经》又曰："百病生于气也。怒则气上，喜则气缓，悲则气消，恐则气下，寒则气收，炅则气泄，惊则气乱，劳则气耗，思则气结。"健康长寿者必有浩然正大之气。《黄帝内经》中的《生气通天论》篇说："阳气者，若天与日，失其所，则折寿而不彰。"《阴阳应象大论》篇又说：阴阳为生杀之本始。所以，生杀之道，阴阳而已，阳来则物生，阳去则物死。

大自然有着别样的风光和无穷的魅力，通过旅居养老，可以使老年人身心沐浴在大自然的阳光中，陶醉在美的风景中，可以使有病者痊愈，无病者康健。大自然也可以满足人类的好奇心，得到精神上的满足感，保持身心的健康。体壮曰健，心怡曰康。无数事实证明，大自然具有神奇的康复功能和疗愈功能。同时，人与社会的关系主要是社会环境、社会福利要提供对老年人的保护和支持体系，良好的医疗保障和经济保障是健康长寿的社会条件。这就是社会养老事业、医疗卫生事业和老年福利事业进步的同时伴随着群体性健康长寿现象出现的根本原因。社会环境或社会保护是决定健康长寿的宏观因素。倘若缺乏消除老年贫困、孤独和无助的社会保护因素，群体性健康长寿很难出现。老年长寿化之后的健康老龄化决定了老龄化人生的生活质量和老龄化社会的社会品质，身体生理功能是内力——呈现下降趋势，生活环境支持是外力——需要不断提升和加强，起到补充和优化的作用。从全生命历程视角看，人口老龄化包括了前老年期的潜在老化过程，以及老年期的老化过程。

观照现实，可以说内力主要指功能健康，外力主要指生命支持和生活支持。生命的内力衰减是老龄化的规律，也就是老化的事实。为此，社会要在强化和优化生命外力支持方面做好文章，譬如，像日本以及西欧这些高福利国家，无不实现免费医疗制度，通过建设完善的社会养老体系做到老有所安——内安其心，外安其身。强大完备的、符合公平正义原则的社会保障制度一方面能使人们更健康，另一方面能使人们更长寿。在高福利体系下，延长人口的健康寿命是文明社会发展的重要目标。中国目前并不鲜见的“大病等着死、小病抗着过”的病苦老龄化现象，不能不说与老年福利水平偏低、制度不够完善有直接关系。

此外，人与人的关系要克己复礼，和谐共生。近到老年人与家人和护工的关系，远到老年人与社会成员的关系，都要以“和谐老龄化”为依归。人际关系对老年人的生活质量和生命质量影响至关重要，老年人戒之在得，凡事不计较，要想得开，心态乐观，性情和善，为人豁达，做事负责。当然，这种关系是双向的，老年期的人际关系也取决于保姆、护工等社会成员的态度和行为。目前比较引人注目的是空巢独居老人与保姆的关系，以及养老院的老年人与护工的关系，有很多报道展示了老年人的养老困境，其中老年人被虐待甚至被谋杀问题尤为引人关注。这些现象反映了养老事务中弱肉强食的丛林法则和服务者市场法则的共同作用。

本文提出“服务者市场”（对应的是“被服务者市场”）这一概念是想说明，作为服务者角色的保姆或者护工主导着养老服务的关系和市场。无论是在空巢之家抑或养老之家，孤独的失能老人明显处在弱势一方，这种势差可能导致人性恶在照料负担中被挤压和释放，保姆或者护工怠工懈怠、恶语相向甚至打骂老人的情况就难以避免。和谐的照护关系可以使得老年人乐而忘忧，老有所助、老有所依、老有所安，还能延缓老化的速度。和谐生乐，和谐康宁，和谐决定健康长寿。

夫妻关系和谐与否对于健康长寿的关系重大。在长寿人口中，夫妻长寿现象引人瞩目。古话说得好：少年夫妻老来伴。对老年人来说，夫妻是最亲近、最亲密和最重要的关系，老年空巢夫妻是晚年生活共同体，亦是命运共同体，一乐俱乐，一哀俱哀。如果一方离世，另一方往往会深受影响，感情越深越是如此。哈佛大学有关成人发展的一项著名研究发现：充满冲突而没有感情的婚姻，对我们的健康非常不利，甚至有可能比离婚还糟；而生活在良好、温暖的关系中是有保护作用的。纵向追踪研究表明：50 岁时对自己的亲密关系最满意的人，80 岁时最健康。良好、亲密的关系似乎能缓冲我们在衰老过程中遇到的坎坷。一百多年前，当美国著名作家马克·吐温回顾自己的一生时，写下了富有哲理的一段话："生命如此短暂，我们没有时间争吵、道歉、伤心。我们只有时间去爱。爱出者爱返，福往者福来，生活在爱中的人们无疑更健康更幸福。"

亲子关系也相当重要。譬如，失独对老年父母的心理、精神的打击是致命的。失独往往会迅速摧毁悲痛不堪的父母身体的免疫力，导致病苦的连锁反应，最后可能引发整个失独家庭的毁灭，如离婚、病死甚至自杀。中国文化是以亲子关系为轴心的文化，"不孝有三，无后为大"这一句话就说尽了。失独使父母的人生残缺不全，痛苦不堪。这就不难理解，安徽 60 岁的失独母亲盛海琳女士拼老命也要再生育的补偿心理为什么会如此强烈，这样的例子并非孤案。但她采用试管婴儿技术产下并养育双胞胎女儿十余年的艰辛，局外人又能知道和理解多少？然而，高龄再生育的成功并不一定是治愈失独创伤的一剂良药，反而可能让父母陷入二次失独的风险担忧，以及高龄养育子女的艰难困苦之中。

概言之，亲子关系大致有四类状况：一是父母慈爱且儿女孝顺，一家人尽享天伦之乐；二是父母慈爱但儿女不孝，例如，社会上普遍存在的啃老、虐老和弃老现象；三是父母不慈，儿女却孝，孝被儿女们看作是自身做人的需要，而不仅仅是老年人的需要；四是父母不慈且儿女不孝，因果循环，亲人无亲。

一个简单的“孝”字，可谓意涵深广，包含了中国文化的无穷魅力。儒家讲：“孝有三：大孝尊亲，其次弗辱，其下能养。”其中的意思是说孝顺的行为可以分成三个等级：最上等的大孝之举是言语、行为和内心都能尊敬父母，其次一等的中孝是不打骂侮辱父母，善待老人，再下一等的小孝是能确保父母衣食无忧，能给他们养老送终。佛家则提倡四个层次的孝，即“孝父母之身、孝父母之心、孝父母之志、孝父母之慧”。圆满的孝道可以使父母老有所安、心情舒畅，福如东海长流水、寿比南山不老松。

然而，现在的小家庭亲子关系堪忧，在过度溺爱的环境中长大的“小皇帝”“小霸王”打骂甚至杀害父母的新闻常有耳闻。传统的孝道是保护老年人享受家庭养老的文化力量，但是现在的孝道已经严重沦丧，生育的价值严重折损，不孝已经破坏了美好的家庭养老，古时“养儿防老、养儿送终”的传统已渐渐消亡，不少空巢孤独的老年人生活在老无所养、老难所养的恐惧中。可以肯定地说，孝道是中国最重要的养老伦理资源。孝道如何重建和重生？这是今后中国面临的大问题。

最后，人和自我关系要厚德载物，自强不息。长寿是指生命能量的存续，体能、智能和德能充盈，是宏微观因素共同作用的产物。老年人拥有正确的世界观、人生观（生命观）和价值观，能够保持开放的心灵，积极乐观的思维和行为，坚持规律健康的生活方式，言行合一，行甚于言，是健康长寿最重要的因素，也可能是看不见的、非物质的微观保护因素。“厚德载物”即仁者寿，“物”是指长寿、康宁、富足、好德、善终这“五福”的回报。另有一种说法，第五福是指子孙孝顺、光耀门楣。《黄帝内经》有言：“所以能年皆度百岁而动作不衰者，以其德全不危也。”所谓德全，包括性善，仁义，知足，礼让，忍辱。大德者，必得其寿。唐朝大医学家孙思邈在《千金要方》中提出：“性既自善，内外百病皆悉不生，祸乱灾害亦无由作，此养性之大经也。”

在决定健康长寿的关系中，最重要的、最核心是人和自我的关系要和谐和合，这就要靠境由心造、境由心转的修为。以邬先生为例，他自己在2022年元旦前夕接受北京《老年之友》节目采访时谈道：成就感、满足感对于知识分子老人健康长寿的影响很重要。在马斯洛的五层次人类需求理论中，最高层次的是自我价值实现的需求。对知识老人和文化老人来说，老有所用、老有所为和老有所成是生命的高光时刻，能使老年人获得某种高峰体验，获得极大的满足感，这是导向健康长寿、生命生活良性循环的重要因素。这就是“智者寿”所包含的真谛，“智者寿”并不是单纯地指受教育程度高的人，而是指认知水平高、悟性高。

健康长寿和生命存在方式密切相关。号称大道之源、群经之首的《易经》曰：“天行健，君子以自强不息；地势坤，君子以厚德载物。”只有当老年人做到自尊自强自爱自立，才能更接近健康长寿。已立立人，慎独至诚，诚外无物。这就是老龄化增龄过程中的内部和谐，做到像明朝儒家代表人物、心学创始人王阳明所说的“致良知”，健康长寿就有了根本依靠。据中国老年学会调查，在百岁老人的长寿原因中，遗传基因占15%、社会因素占10%、医疗条件改善占8%、气候条件占7%，其余60%则取决于老人自己。其中排在第一位的秘诀就是心态好。丰子恺曾说：你若爱，生活哪里都可爱；你若恨，生活哪里都可恨；你若感恩，处处可感恩：你若成长，事事可成长。好心态的诗意表达是：春有百花秋有月，夏有凉风冬有雪；若无闲事挂心头，便是人间好时节。随遇而安，随缘而为，适应老化，不喜不惧。即使身处困境，亦能以苦为师，感恩一切，知足常乐，常存欢喜心。厚德自强就是要在仁、义、礼、智、信心性上下功夫。此外，生活方式也很重要。美国国立衰老研究所对多项研究结果综合分析认为，只需降低进食量，就能延年益寿。通过长期的减量，可以让人的免疫力系统进入良性循环。科学研究证明了广为流传的“吃饭七分饱，健康活到老”“若要身体安，三分饥和寒”所蕴含的道理。

中国老年学和老年医学学会在《写给中国人的健康百岁书：健康长寿专家共识》一书中，从老年学等九大学科视角对“健康长寿”进行了探讨，提出健康长寿的核心标志是“高寿＋自理能力”。根据健康长寿专家的共识，健康长寿的老年人至少应具备五个基本特征，即高龄、自理、自主、自尊、自强，而“高寿＋自理能力”则是衡量健康长寿的核心标志。能否生活自理是衡量老年人健康状态的重要标志。生活自理是一个综合概念，包括日常自理、自主决定、自尊自强，反映了一个“健康人”从躯体到功能、从自理到能动性、从脑健康到心理健康的整体良好和协调状态。

三、从“仁者寿”到“和者寿”

“仁者寿”乃长寿之大道，还可尝试这么来解读，即安其心，养其身，乐其神，强其志，厚其德，行其道；体脑勤用者健，心气平和者康，人际和谐者乐，仁爱慈悲者寿。养精气神，实际上是养生命的正气、清气、和气。《黄帝内经》的长寿之道就是仁者寿、和者寿，就是自利利他，达到万物的和谐共生。

进一步地，多重复合的生命生态关系会影响生命个体的心态和生态（包括身体状态、生活状态以及生存状态）。这其中还可以区分出近关系和远关系、亲关系和非亲关系（疏关系）、强关系和弱关系、正关系和负关系、明关系与暗关系，等等。如果那些主导老年人生命和生活的关系（特别是近关系和强关系）呈现出强大的正能量，就能给老年人带来巨大的安全感、归属感、获得感、存在感、喜悦感、价值感、成就感、自豪感、满足感和幸福感，这样他们就具备了健康长寿必备的心理—情感—精神基础。这也就是邬先生概括的“仁者寿、勤者寿、乐者寿、智者寿”。仁者寿包括了和者寿，和是指平和，和气，和谐，和合。仁者爱人，仁者和谐，慈悲无敌，一切都是正能量。仁者无敌，无我，无私；慈也，爱也，和也。

上述内容均可纳入“和谐老龄化”的命题中进行诠释。由此引申出一个新判断，即和谐老龄化决定健康老龄化，但我们似乎忽视了“和谐老龄化”这个维度的思考和价值。和谐老龄化是指在人与自我关系、人与社会的关系、人与自然的关系和谐和合的状况下实现的尽享天年和康宁的成功老龄化。仁者寿的诠释可以放在三世因果的框架里进行。引进佛教三世因果理论来诠释命运的奥秘，过去世的业力构成了今世的命局，今世的修为决定了命局的运程，命运也就是运命。道德健康是健康长寿的基础和条件，也赋予了健康长寿以积极的意义。健康长寿是基础，幸福长寿是真谛，幸福康宁，厚德后福。长寿或者寿命是指日历年龄，健康长寿是指功能年龄。区分日历年龄和功能年龄意义重大，它使我们明白了“老龄化”与“老化”的细微差别。我们要顺应增龄意义的人口老龄化，但要通过健康老龄化、积极老龄化以及和谐老龄化来延缓人口老化速度和程度，并且使其保持正向的发展。

健康长寿无非是心态和生态共同作用的结果，国家、政府和社会的责任随着长寿时代的到来而须加强。四川成都市老龄委曾对成都 720 名百岁老人进行调查。究竟是什么样的具体因素能够促人长寿，这因人而异，如果硬要找出一个，那就是好的心态和性格。这 720 名百岁老人中，89.17% 都是“乐天派”。上海市老年学学会曾编写出版《百岁老人话健康》一书，公开了上海 50 名百岁老人的长寿秘诀。50 名百岁老人的养生经验各不一样，但在对他们的生活进行调查后，还是发现了相同的地方，第一条就是“心胸开朗”。2020 年“七普”之后，江苏长寿之乡南通市统计局通过对全市 1000 多名百岁老人进行问卷调查，探究出了他们的长寿密码是良好的性格和心态。百岁老人们的生活满意度和幸福感及心理健康水平比一般人高，且超过 7 成的老年人从不发脾气，而子女或亲属的精神赡养对百岁老人的心理健康至关重要，近 9 成百岁老人有人陪伴不孤独。这些数据无不指向一个事实，和蔼者寿，和乐者寿！美国研究人员对 700 名百岁老人进行了 3 年跟踪研究，并揭开他们的长寿秘密：性格开朗，很少发愁，基本不发火，一辈子保持心平气和的态度。

近百岁智慧老人查理·芒格这么分享幸福长寿的秘诀：不要嫉妒，不要怨恨，不要铺张浪费；即使遇到麻烦，也要保持乐观；和可靠的人打交道；做你应该做的事……这些简单的道理能使人们活得更好；都是一些老生常谈的话，保持乐观是很明智的，这些很难吗？可谓大道至简！

中医认为，生病是因为气与火，日常若能控制情绪不发火、平心静气好脾气，必可达健康长寿之境。一个健康的人其实是自觉或者不自觉地生活在修行中的，即去习性、化禀性直至圆满天性。命运既有定数也有变数，作为定数的福报是有限的，作为变数的福德是无限的，一个充满希望和光明的生命就是要从有限中寻求无限的意义，惜福（不铺张浪费，珍惜福报，知足常乐）是很多老人长寿的不二法门。日本江本胜博士的“水知道答案”实验广为人知，“水是有觉知的”这一结论建立在严谨的、可重复的科学实验基础之上，再次验证了万物有灵的真理。乐观使身体的细胞有活力和免疫力，悲观则使细胞憋屈和早衰，“液体身体”因为悲观情绪而导致人体的“水问题”。人逢喜事精神爽，天天活在感恩中，“乐者寿”乃千古不易之真理。“和可靠的人打交道”不仅不会遭到欺骗，也不会自寻烦恼，人际关系可信可亲可托可期，老年人生活在诚信的环境中可以安然度日，做到“老有所安”。“做你应该做的事”深藏着人生的使命感，“什么是应该做的”则完全看个人的生命觉悟，《论语》曰“士不可以不弘毅”，曹操《短歌行》诗云：“老骥伏枥，志在千里；烈士暮年，壮心不已。”这些都在启示我们：老年人在精神上意志上决定要积极乐观不服老，但在行为上则要量力而行须“服老”，只做应做能做的事。查理·芒格的长寿秘诀可谓通达四海、融汇古今。

良好、亲密的关系绝对有利于人类的健康长寿。“和乐者寿”这是人类古老的智慧之一，就像中国的古圣先贤提出的忠告一样，要结善缘不要结恶缘，这就是祸福相依、吃亏是福所隐含的道理，这也涉及人生的修为。社会学研究证明，人际关系是重要的社会资本，维系良好关系对人的成长影响重大。迄今为止，哈佛大学成人发展研究可能是有关研究中历时最长，也是人类发展生命历程理论中的巅峰之作。该研究一共追踪了 724 位男性，从这项长达 75 年的研究中获得的最有价值的结论和启示是：良好的社会关系让我们更快乐、更幸福，也更健康、更长寿。

具体来看，第一个发现是，社会联结对健康真的十分重要和有益，而孤独的体验则十分有害。和家人、朋友和社会联结更紧密的老年人往往更幸福，更健康也更长寿。孤独带来无助、忧虑甚至恐惧，大脑功能衰退更早，寿命更短。根据各项研究和调查，孤独感会让人的预期寿命缩短，特别是在 60 ~ 70 岁之间的人群孤独感可以让寿命缩短 3 ~ 5 年。孤独会慢慢侵蚀心灵，让人运动量减少，免疫力和抵抗力下降，形成恶性循环。这再一次验证了“人是社会关系的总和”命题，似乎也验证了“和为贵”“乐者寿”的中国智慧。

第二个发现是，对健康长寿起决定作用的不是所拥有的朋友数量，而是亲密关系的质量。有质量的亲密关系无疑是彼此信任，患难与共，互助互惠。

第三个发现是，良好的关系不仅保护身体的健康，也保护大脑健康和精神心理的健康。这里的良好关系包括了人与人的关系，也包括了人与自己的关系。人口空巢化的同时，社会也趋向于个体化和原子化，人们需要悦纳自己，提升自己，强大内心的力量，精神富足、内心充实的生活足以抵御孤独的负面影响。由此可见，自求多福、精神自养对健康长寿是多么重要。

综上，健康长寿应建立在良好的亲密关系和社会关系的基础之上，这种理念值得重视和传播。

四、结论与思考

长寿与老化是两条线，前者是增龄过程，后者是功能变化。健康与长寿也是两回事，前者是说寿命的质量，后者是说寿命的长度。需要明辨“长寿辩证法”，思想和精神不能服老，身体和行为则要服老——适者生存，适应老化。关系之和谐决定健康长寿命题的提出不仅有学理意义，而且有强烈的操作性意义。为促进健康长寿或者说健康老龄化，“健康中国”的国家行为就是要打造生态文明体系、绿色发展体系以及和谐生活体系，打造“绿色长寿”的人居环境；政府行为就是要建设健康友好型、和谐共生型社会，家庭和个体行为则要健康生活，积德行善。外部的大关系是人与自然的关系、人与人以及社会的关系，人和自我的关系是内关系，这种种关系盘根错节都非常重要，无不或强或弱、或远或近、或亲或疏地影响着、决定着人类的健康长寿。人人关系也是人与社会的关系，要害在于能否做到仁爱为本（主观上追求“仁者寿”），和谐共生（客观上实现“和者寿”），首先。合乎天道人道者，是谓仁慈仁爱。自爱是谓首仁，利他是谓次仁，最终还是回复到儒家的做人路线上来，即诚意正心修身齐家平天下。老年人首先要自尊自爱自强自谦，穷则独善其身，达则兼济天下；弱则独爱其身，强则兼爱天下。

健康老龄化是我们心中的共同愿景，其实我国人口老龄化的质量并不高，病苦老龄化和不健康老龄化才是未来中国面临的巨大挑战。根据全国老龄办提供的数据，目前发达国家 60 岁以上老年人口中身体健康的比例超过 60%，而我国只有 43% 左右。也就是说，发达国家是 60% 的老年人处在“健康老龄化”状态，我国恰好相反，是 60% 左右的老年人生活在“不健康老龄化”的过程中。理论上，不健康老龄化包括了亚健康老龄化和病苦老龄化。笔者将“病苦老龄化”界定如下，即在个体的意义上，是指“长寿不健康”的老年带病生存现象；在群体的意义上，是指患有疾病和处于部分甚至完全失能状态的老年人口规模扩大、比重上升的过程。目前，我国部分失能和完全失能老年人达到 4000 万以上。一个严峻的趋势是，越来越多的空巢失能老人将生活在老无所依、老无所护的恐惧中。

大国空巢已不仅仅是学术探讨的对象，“空巢孤独症”是长寿社会愈演愈烈的时代病症。中国需要注意构建不同场域、不同时空、不同层面的老年关系，特别要以和谐、和合的原则去构建老年期的亲密关系、家庭关系和社会关系，让老年人生活在有爱有关怀有温情的家庭和社会中，这无疑是中国老年人的大同“养老梦”。

重视和谐老龄化的文化建设，重视老年人的精神自养（老有所学、老有所为）和精神赡养（亲情赡养、和谐共生），以此为助力推动健康老龄化、积极老龄化和生产性老龄化，这不仅关乎老年人的个人修养（仁者寿、和者寿），而且关联到老龄社会的国家和政府行为。开展暖巢行动对于空巢独居的老年人意义非凡，通过陪伴和话疗，来消除老年孤独。老年空巢独居可能多少带点无奈的成分，是一种被选择被安排，虽然丁克家庭抑或不婚不育的选择也是悉听尊便的个人选择，但必须看到无论哪种意义的不育选择都是缺乏远见的。

（本文原刊于《华中师范大学学报〈人文社会科学版〉）

纪念导师邬沧萍先生

姜向群

邬沧萍先生是我的硕士和博士研究生导师。自从我于1987年考入中国人民大学研究生之后，历经三十几年，邬先生一直指导我的学习，指导和帮助我开展专业方面的教学和研究工作，在生活以及人生观等各方面都给予了我很大的帮助。对于他的离世，我们后辈学人无不感到痛惜，也时常怀念他的事迹和音容笑貌。他在自己终生从事的事业上对我国人口学、老年学做出的不可磨灭的贡献，时刻影响和激励着我们。

一、为国分忧，成就斐然

邬沧萍先生1922年生于广东省广州市，1948年赴美留学并获得硕士学位。1951年正值而立之年的邬先生积极响应祖国的召唤，毅然回国参加百废待兴的社会主义建设事业。回国后，邬先生发挥自己的专长，在高校从事教学与科研工作。多年来，邬先生为国家培养了大批专业人才，桃李满天下，发表了大量的科研和教学成果，在专业领域作出了突出的贡献，获得了多项奖励及荣誉称号。

邬先生先后参与了我国的几次人口普查工作。在早年我国控制人口过快增长的工作中，积极培养人才，普及人口学知识，为国家政策制定提出了极为重要的建议。邬先生发挥自己熟练掌握外语的特长，积极参与了20世纪我国恢复联合国成员国之后关于人口基金的一系列活动，为我国争取资金援助和人员出国培养参与和开展了大量的工作。

邬沧萍教授是改革开放新时期中国人口学、老年学学科的重要开拓者和奠基人。在改革开放初期，已是知天命之年的邬先生全面转入人口学教学与科研工作中，先后参与创办了我国第一个人口研究机构、第一个人口学系、第一份人口学学术期刊；培养了我国第一批研究人口学及老年学的硕士和博士。

近花甲之年，邬先生积极倡导和建议创办我国第一个老年学专业，从事老年学研究和教学工作。早在20世纪八九十年代，由于我国计划生育工作的开展和社会经济以及人口健康水平的提高，人口年龄结构的老龄化现象已经开始出现，邬先生敏锐地意识到这一情况，积极开展人口老龄化及其社会经济影响的研究，指导学生开展这方面的工作。从20世纪末期开始，邬先生利用多种场合多次呼吁和建议设立我国的老年学专业，终于得到了国家有关部门及社会各界的重视，于2003年经教育部备案，在中国人民大学设立了老年学专业，建立了老年学研究所。邬先生亲自领导和组织编写教材和撰写专著，发表学术论文和开展科普工作，从此正式开辟了我国一个新兴的老年学学科领域。

邬先生曾荣获中国人民大学荣誉一级教授；曾任中国人口学会副会长、中国老年学学会会长、国际人口研究联合会、国际老年学学会等多个学术团体的国际组织理事，中国老年学和老年医学学会名誉会长；曾获中国科学技术进步一等奖（集体奖）、第二届中华人口奖、第一届吴玉章人文社科终身成就奖、中国人口学会荣誉会员奖、中国老年学学会突出贡献奖；荣获全国“最美老有所为人物”荣誉称号等。

21世纪初，由邬先生倡导和主编，并组织我们几位青年教师编写出版了《社会老年学》一书。该书成就了一件开创性的工作，填补了我国专业领域的一项空白。该书内容涵盖了当时国内外社会老年学研究的主要领域，吸收了前人的研究成果，紧密结合中国社会实际，具有系统化、科学化、创新性的鲜明特点。该书的出版标志着我国老年学学科建设明显向前迈进了一步，对于创建我国社会老年学的科学体系作出了重要的贡献。其中首次从社会经济、政治、文化以及生物学的多学科视野，从社会整体研究人类个体和群体的老龄化问题。该书确立了社会老年学的学科地位，明确了社会老年学的研究对象、研究领域和研究方法。其后，邬先生又组织和主编了《老年学概论》等著作，为老年学的人才培养和学科发展奠定了坚实的基础，开创了新的领域。

二、乐于助人，慷慨豁达

在生活和工作中，经常听到他的学生和同事说得到过邬先生的帮助，无论经济与物质方面还是知识方面，邬先生都是十分慷慨的。在我学生时期和与他一起工作期间，他经常向我们表示，有什么困难、经济方面的问题都可以和他说。

早在20世纪80年代，我曾经接触到并阅读了邬先生主编的《世界人口》一书，当时便萌发了研究人口学的愿望。我报考了中国人民大学人口研究所的研究生，当时考研复试的老师正是邬先生。我在中国人民大学读研期间，经常得到邬先生的教诲和关照。记得当时我们晚上熬的很晚才睡觉，早上往往起不来，邬先生总是利用晨练的时候准时到宿舍叫醒我们，以便我们不会误了上午的课程学习。他当时是全国政协委员和全国政协常委，经常让我们一起参加国家政协的活动（包括春节茶话会和日常的研讨会等）。邬先生经常为学生提供机会去参加各类学术活动，增加学生的见识，提高专业能力；经常和学生一起讨论问题，很快形成观点，共同撰写论文并找到发表的机会。

他经常询问关心我们青年教师的住房困难问题，经常到我们青年教师的宿舍（筒子楼）看看。记得当时我孩子面临高考，住家离学校很远，孩子参加考前辅导很不方便，邬先生知道后把他当时在学校周转的房子无偿借给我家使用，解决了我们当时的困难。这些事情我至今记忆犹新。

三、踏遍青山人未老

邬先生是治学育人、矢志报国和老有所为的楷模。在生活和工作中，他始终保持健康心态，勤奋工作，总是焕发着正能量。他对于工作总是充满了自信，善于面对问题和困难，从而获得事业上的成功，可谓是“自信人生二百年，会当水击三千里”。

邬先生在“文化大革命”期间被下放到江西农村“五七”干校劳动，曾经三次下乡劳动，都是乐观地面对一切困难，毫无怨言，每次都被评为劳动模范。在比较长的时间里，他家里有一定的困难，邬先生夫人长期患病卧床，但他都能妥善处理，从没有因此耽误工作，也很少在单位提到此事。

在晚年，他仍然勤奋工作，每天按时阅读报刊，关心国内外大事。他的案头积累了大量的报刊剪辑资料，坚持阅读文献，厚积薄发，勤于思考，经常提出新的理论观点，晚年笔耕不辍，撰写出版了《从人口学到老年学》，主编出版了《人口、资源、环境关系史》《全面建成小康社会　积极应对人口老龄化》等书。在九十几岁的高龄时，他仍然主编出版了《老年价值论》等多部著作。

他积极倡导健康老龄化理论，并知行合一，亲身实践了这一理论。他在生活中是一位精神矍铄、健康有为的老人。2014 年，邬先生在中宣部、全国老龄办“最美老有所为人物”评选中，成为 17 位获奖者之一，是年龄最长的一位。

在年届百岁时，邬先生曾谈到“健康长寿”的话题，重点阐释了他的两个观点：一是“存在决定健康长寿”，二是“仁者寿、勤者寿、乐者寿、智者寿”。他认为人的存在决定了人的意识，决定了对世界观、人生观、价值观的选择。所以，存在决定健康长寿，这是合理的；“存在”既包括自然环境，也包括社会生态环境，对于老年人来说社会生态环境更为重要，包括宏观的社会制度、中观的医保、社保，微观的家庭关系、人际关系等。他总结出“仁者寿、勤者寿、乐者寿、智者寿”的观点和人生感悟。在他看来，前三项基本已经是大家的共识。而智者寿的智，除了指文化教育水平高以外，还有一个含义就是认知能力高，他说：“现在我们把老年痴呆叫作失智，如果一个人认知不缺失，经常思考并回顾总结自己的生活方式，那么就不容易失智。”熟悉他的人都一致公认他成功实践了由他倡导的健康老龄化的理论。

邬先生是一位长者，也不愧为是一位仁者和智者，是践行成功人生的榜样、典范和导师。从这一点来说，他虽然已离开我们，但却永远活着，因为他的精神和思想依然值得我们永远地回味，值得我们永远地纪念。

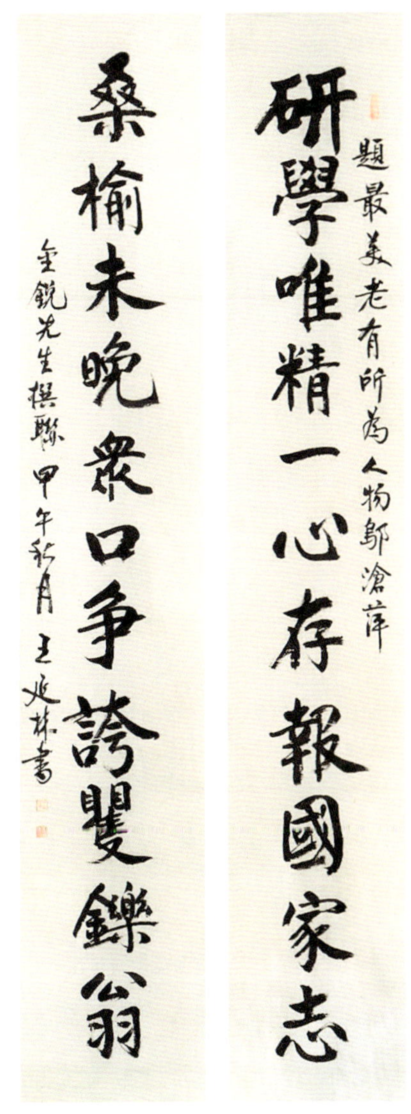

2014年“最美老有所为人物”颁奖词

大家之风，弥久传扬
——追忆邬老师

孙鹃娟

一转眼邬老师已离开一年有余了，也许是因为我始终在从事老年学、人口学的教学研究，几乎每天都会触及与老师有关的知识，也常与老师的儿子、女儿保持联系，并没有觉得他已离开许久了。总觉得对于这样的一位大家，对他的纪念需要静下心来细细梳理、慢慢回忆。他的一言一行、他的教诲和关怀仿若昨日发生，都还没有成为久远的过去。但借文集编撰的契机，把一些鲜活的记忆也理一理，以示对先生的怀念。作为他的学生，我有幸从 2000 年直至邬先生离开得以近距离地聆听他的学术思想、感受他的人生态度和处世哲学。人生有恩师如此，何其幸焉！

一、谆谆教诲，为师之大者

回想起来，我是在 1997 年 10 月北京召开的国际人口科学研究联盟 (IUSSP) 第 23 届国际人口科学大会上第一次见到邬老师。他渊博的学识和谦和的态度给我留下很深刻的印象，于是在 2000 年，我坚定地报考了他的博士研究生，并很顺利地以各门单科以及总分第一的成绩考上中国人民大学博士，成为邬老师的学生。

2016年孙鹃娟与邬老师在学术会议上合影

刚入师门之时，除了上课，我做得最多的是帮老师把手写的文字录入电脑，再与他讨论、修改。那时电脑还不太普及，邬老师隔三差五就会有一叠手写的文章给我。他对任何论文或研究都会下很大功夫查文献、反复揣摩、不断修改，例如我们要撰写一篇论文时，到我手里的“提纲”常常是写得满满的好几页，只需顺着他的思路再进一步做些补充，文章就基本成型了，甚至连需要查找什么资料邬老师都会标注出来，所以跟他一起写文章真的是比较轻松的一件事！但另一方面，他对于每一个主题、每一篇文章、每一份书稿都会不满足于原有的想法，而是反复斟酌思考，只要一有思路就会打电话给我，滔滔不绝地谈他的新想法，以致于我与邬老师讨论论文的“电话粥”常常长达一个多小时。邬老师记忆力惊人，我们的电话号码他都能很快记下来，所以从读博士直至工作后的许多年里，我的座机、手机接听最多的电话就来自邬老师，而每次电话的主题一定是关于某个学术思想，现在想来当时的我是多么幸运啊！正是先生那些年耳提面命的指导，才使我这样一个当时的老年学新人在踏入这个学科后得以接触老年学最前沿的知识和观点，实在是受益终身。

我在读博士期间，跟随老师进行过生育政策、老龄化、孝道、生活质量等几个主题的研究。每一个研究问题正是在他积极而又严谨的推动下得以顺利完成。我们在《求是》《浙江大学学报》《群言》等有影响力的杂志发表了几篇论文。例如，2002 年在《群言》上发表的《未富先老——我国人口的新课题》，从人均 GDP、生活质量的角度论述了为什么未富先老是当时我国的突出国情。从对未富先老问题的探索中，他又指导我开始进行老年人生活质量的研究。记得在我的博士论文选题时，一开始想选的是当时比较热门而我自己又容易把控的题目，但邬老师当时已经看到了我国老龄问题发展的前景和老龄研究更深层次的问题，他提出研究中国老年人的生活质量是更有意义和价值的。在他有远见的指导下，我通过对老年人生活质量理论、指标体系的初步研究得以对老年学、老龄问题有了一个比较系统的探索，至今对于我的教学和研究仍起到了非常重要的促进作用。

师者，所以传道授业解惑也。除了悉心指导我做研究以外，老师还为我创造了很多学习交流的机会，记得 2002 年邬老师受邀参加香山会议，那是一个高规格、高层次的学术会议，那次会议的主题正好是老龄问题。邬老师为我争取了这次难得的学习机会，还鼓励我要敢于发表自己的看法，但要言之有物、有理有据。邬老师为我提供的类似学习机会还有很多，这些机会对于提升我的表达能力、交流能力都十分宝贵。

在我的印象中，老师不但总是不厌其烦地阐释他的理论观点，还常常问我“最近在做什么研究？”“有什么新的观点？”“讲什么课？”等与我的教学、研究有关的问题，而在我回答后，他总会耐心地说出他的想法和建议。记得邬老师常对我说：“要讲好课是不容易的，自己要有一桶水的知识才能讲好一碗水的内容。”他的这些告诫一直让我不敢懈怠，始终认真对待教学、对待学生。先生去世的第二天上午，刚好是我参加全校“教学标兵”现场竞赛的日子。虽然极其悲痛，但想到他一直以来的勉励和信任，我还是尽力参赛并获得了 2023

年度中国人民大学“教学标兵”的荣誉。既备感光荣，更感慨至深，潸然泪下！

二、开拓创新，为学之大者

邬老师对于学术有着常人难以企及的热情。我跟随老师学习时他已经 78 岁了，但几乎每次与他的交流无论什么主题，总会在三五句话之后转移到他的学术观点上。他通过大量阅读、关注时事、积极参与会议来保持对现实问题的敏锐观察。他还住在中国人民大学林园时，我记得他用来存放书稿目录卡片的柜子就是他家客厅里最醒目的家具，卡片上写满笔记和出处。即使到了百岁高龄之时，只要是他认为有价值的学术出版物，他都会仔细阅读，并在上面用各种颜色的笔作很多批注。

2003 年我博士毕业时，非常荣幸地在邬老师、杜鹏老师等的鼓励支持下，继续留在中国人民大学从事老年学、人口学的教学研究。这些年来，邬老师在学术思想上对我的启迪和指导始终没有中断过。一旦他有新的思想或看法，常常兴奋地与我分享，有时还把手稿或是红芳帮助录入电脑后的打印稿寄送给我，让我得以不断学习前沿理论知识。

为学贵在创新，而开拓尤需勇气。邬老师是我国人口学、老年学的开拓者和奠基人，创造了人口学和老年学的多个第一：撰写改革开放后第一篇人口学理论文章、参与起草新中国第一份人口研究报告、最早提出建立老年学，等等。仔细研读邬老这几十年来的学术思想，不难看出他在治学中总是秉持并传递出这样几种精神：一是研究真问题，他涉猎的人口、老龄领域的若干问题无一不是现实最亟待解决的实际问题；二是着眼大视野，他不局限于从单一的方面或短浅的目标去看问题，而是站在国家的乃至世界的格局去做研究；三是重视理论创新，他不人云亦云，而是大胆提出新理论、新思想，进而展开严谨论证。他始终密切关注人口前沿问题，在 20 世纪 80 年代就提出“未富先老”的命题，提醒人们做好应对老龄化的思想准备，推动老年学研究的发展，并在 21 世纪初推动建立了老年学专业。年近百岁时，他还提出了“存在决定健康长寿”等具有哲学思辨意涵的新思想。在与他的交流中，我常感叹邬老师的确是一位非常崇尚理论创新且有着开阔学术视野的智者。他总是力图从现象看到本质，再深入浅出地用最简练甚至是通俗的语言表达出来，若是没有进行过深入的理论思考与艰难求证的人是难以体会其中的艰辛的。

我认识邬老师时，他已经是人口学、老年学界屈指可数的学术大家了，但他的治学态度却从未懈怠。他的勤奋严谨有目共睹、不胜枚举。大至学术报告、书稿论文撰写，小至一场社区讲座，他都亲力亲为做大量的工作。记得在他的指导下，我们曾做过一个生育政策与老龄化方面的研究，其中有一个法国的生育率数据他有疑义，为了弄清这个难以发现的小问题，他连夜查找了很多历史资料来纠正。如今我自己也担任了博士生、硕士生导师，在工作中我也时常提醒自己要学习老师这种勤奋、严谨的精神。

在邬老师的信任、鼓励和鞭策下，我参与了他主编的《老年学概论（第二、第三版）》《全面建成小康社会　积极应对人口老龄化》《老龄社会与和谐社会》《老年价值论》《新修社会老年学》等书稿部分篇章的撰写工作。在撰写过程中，老师总是预先就考虑到可能遇到的问题，并及时给予我们思想认识上的启示。对于不同的学术观点，他一方面会直言不讳地提出他的观点，另一方面也会包容而耐心地听取我们的想法。因此，在他的指导下从事研究，既充分感受到他的丰富思想和广博视野，也得以领略他兼容并蓄、有容乃大的学术精神。

他时常教导我说："中国的老龄问题特别需要理论指导，但理论创新是最难的，加上很多人不够重视，使得不少研究总是停留在很多重复性或表面性的结论上，缺乏有深度和广度的理论思想。"我想，作为一个已经卓有建树的学术大家，依然忧心于学科的发展问题，如果没有强烈的学术使命感和对老年学、人口学深深的热爱，是不会反复强调这些无关个人得失的问题的。他所取得的累累硕果充分展现了学术大家的深厚学养和孜孜不倦的治学态度，当我想懈怠时，总会想起邬老师对学术的执着和热爱，也许这就是榜样的力量吧。

三、乐观宽厚，为人之大者

感谢命运的安排，我从入学以来与邬老师的交流就比较多，后来我搬到世纪城后又住得与老师相距不远，以至于我和我的家人都与邬老师相处得非常亲密，胜似一家人。

邬老师虽然在研究中严谨、严格，要求甚高，但生活中的他非常平易宽和，常常与我分享他过去的经历，谈起这些经历他总是云淡风轻、谈笑风生。显然他更看重的是他如何能在艰难的条件下继续他的学习、教学和研究。而对于他的家人，他又是那样满怀爱意和思念。我认识邬老师时师母的身体就已经不太好，需要人照顾，但邬老师从无怨言。在师母去世后的十多年里，他在红芳的协助下，衣食住行也依然保持得井井有条，每次去看望他，我看到的都是忙碌、有序、不断思考、精神饱满的长者形象，完全意识不到这是一位高龄独居老人。

我的就业、安家、结婚、生子、出国等这些人生中的重大事件都得到了邬老师的关心和帮助，并用他丰富的人生经验和睿智的思想给我指导，让我更有信心和能力去面对生活中的困难。我和我的家人都在心底里把他已经当成了最敬重、最慈爱的长辈和亲人。由于我们住得近，有时也邀请老师到家里或附近的餐馆一起吃饭，除了辣椒，他从不挑食，尤其喜欢海鲜和粤式点心，而且他还会给我们介绍美食。记得他曾经邀请我们一家去他喜欢的唐宫吃粤菜早茶，我家有位家人没到，他都细心地一定要打包带回去让他品尝。

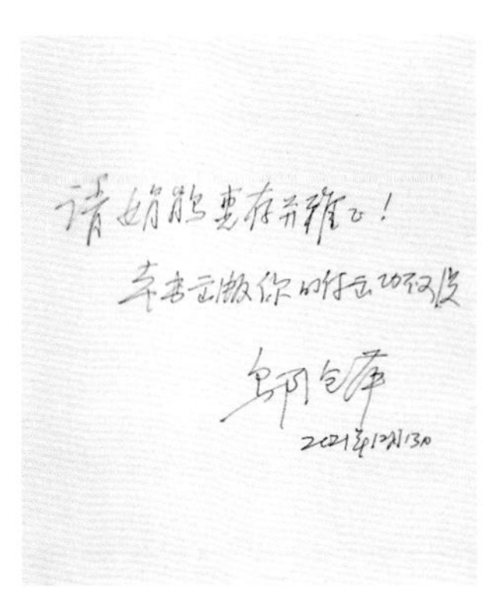

邬老师亲笔签名

邬老师总是把别人为他做的一点点小事记在心里，2021 年，在杜鹏教授、刘维林会长、姚远教授的指导和建议下，李娟娟老师和我组织编写出版了《百岁人生：邬沧萍口述实录》一书。对于这样一件作为他的学生应该做的事情，没想到邬老师却给予了很高的认可。他专门请红芳送来他的寄语，让我非常感动！

在他的世纪人生中，经历了不少曲折坎坷，但

郭沧萍夫妇与儿子和女儿

郭沧萍及家人

郭老师与女儿郭京芳

他总是以积极乐观的心态来应对。我想也许正是对生活始终怀有乐观的心态，他才能若干年如一日地坚持锻炼、保持营养均衡、坚持学习、坚持做研究。作为一位长寿而又健康的老人，我观察到他的长寿秘诀其实很简单，但他能够在每天的生活中把这些健康原则贯彻始终，才能最终达到全面健康的状态。邬老师把健康长寿归结为“仁者寿、勤者寿、乐者寿、智者寿”，最近两年更进一步上升到哲学层面上的“存在决定健康长寿”。在这些真知灼见的背后，我看到的是他对生活自始至终的热爱和积极去体现自我价值所做的努力。

这些年来，我是如此幸运地能够跟随邬老师学习、成长，不仅向他学习专业知识，更深深体会到他作为一位学术大家所展现出的常人难以企及的治学精神、思想境界和人生智慧。虽然导师已离去，但他的思想、精神和品格会永远镌刻在我的心中，我会在工作和生活中努力把这些思想和精神财富传扬下去。深深怀念敬爱的邬老师！

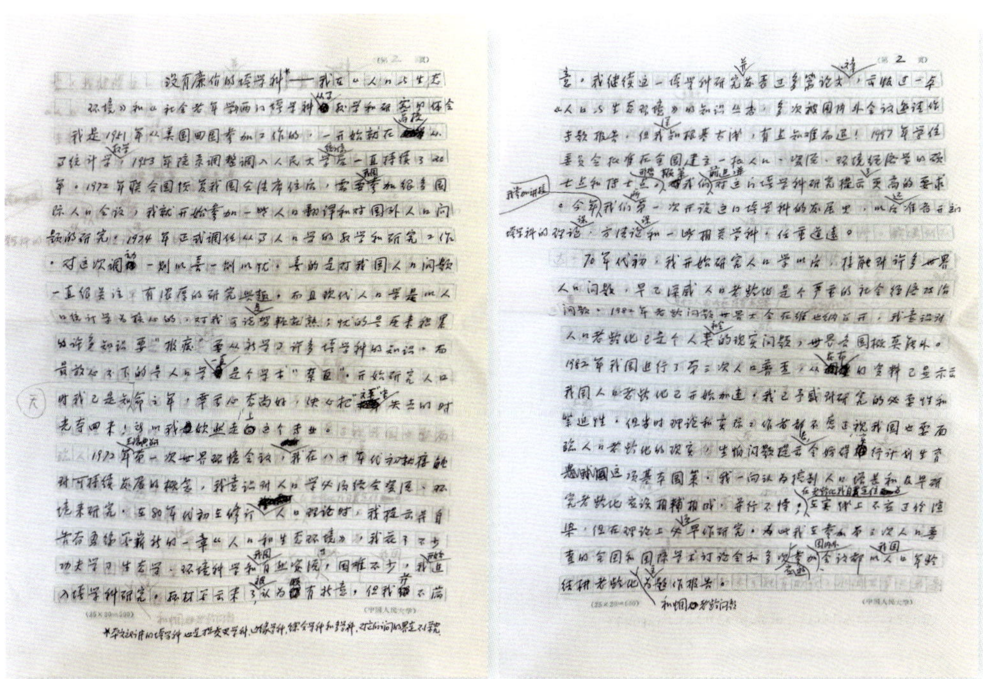

邬老师手稿

邬老师手稿

（第5页）

映。从事跨学科的教学和研究实际上是对传统学科知识的重组和创新。重组就是对原有知识进行去伪存真、去粗取精，把经过"提炼"的知识从不同学科的角度再进行研究，从中找出各门学科都认可的结论，这可以说是一种知识创新。知识重组决不是对传统知识的全部否定，在跨学科建设中年轻人最少保守敢于创新有很大优势，但是因此老教师也是有优势的；因为跨学科中有许多有用的传统知识，必须承认知识有继承性，知识的取舍和提炼也有一个熟能生巧、融会贯通的问题，如果对传统知识一知半解绝不能把知识科学地重组，更谈不上知识创新。现在大多数跨学科仍停留在"拼盘"式拼凑组合，实际是重复和叠加，不是真正的跨学科。我认为过去两门跨学科都有过这种教训，闯出一条新路子确实不很容易。因此建设一门跨学科一方面对传统的学科知识和其它工具知识都要有温故知新、精益求精，拿得起、放得下；另一方面要坚持终身学习，不断积累新的知识和新的研究方法和手段，在传统知识和新知识都能融会贯通的基础上，才能排除干扰，逐步走向跨学科。不能设想对传统学科知识仅是一知半解者能创造出跨学科的"精品"。这就是为什么有些跨学科还是一些传统学科大师推动和提出的。在这个意义上说，老教师在创建新学科也有优势的

（25×20=500）（中国人民大学）

（第6页）

一面，但是老教师必须有自知之明，扬长补短向中青年学习，优势互补。这样必将有助于跨学科的建设。

跨学科的入门是不同学科知识重组还比较容易，但要登堂入室把知识创新就相当难。因为创新不是随意性，需要研究新情况、新问题和提出新思维，而且要接受实践和群众的检验。作为学科是否创新，学生和读者是最清楚的。所以高校是跨学科的沃土。当代许多跨学科都产生于大学校园，决非偶然。例如在30年代美国的大学出现很多跨系教学，第二次世界大战前后美国大学开设许多综合性社会科学课程，七十年代许多大学组织许多跨学科的研究中心。专门研究机构较难做到，因为只有大学学科比较齐全、中青年学者多，最有条件组建和检验跨学科的系统性和创新性。

我校学科建设曾受苏联教育制度下专业过窄的影响，学科比较单一，在教改中已开设很多新专业、新学科，这是我校学术的重要增长点，应大力提倡并加以鼓励。为此老教师必须警惕固步自封，把已经掌握的知识作为万古不变的教条和真理，否则就会自觉或不自觉成为知识创新的阻力。推动跨学科、边缘学科、交叉学科建设，开设新课程和出新成果是知识经济时代对一代名牌大学教师的一种客观的要求。

（25×20=500）（中国人民大学）

人大 邬沧萍

2000年4月20日

邬老师手稿

邬沧萍：经师楷模　人师典范

杜　鹏　　孙鹃娟

我国是一个拥有 14 亿多人口的大国，人口规模巨大是中国式现代化的鲜明特色。进入 21 世纪以来，人口老龄化的程度快速加深。党的二十大报告明确提出要优化人口发展战略，建立生育支持政策体系，降低生育、养育、教育成本，实施积极应对人口老龄化国家战略。其生有序，则万物兼济；其老有安，则天下太平。人口问题与老龄问题是关系中国式现代化建设的基础性问题。改革开放新时期中国人口学、老年学学科的重要开拓者和奠基人、中国人民大学荣誉一级教授邬沧萍先生正是这样一位为我国人口事业、老龄事业兢兢业业治学育人的大家。虽然先生已永远地离开了，但他治学报国的爱国情怀、勇于开拓创新的学术精神、丰富厚重的学术积淀不仅为学科发展奠定了坚实基础，为后辈学者树立了楷模风范，更为应对我国的人口问题、老龄问题提供了高屋建瓴的思想财富。

一、常存报国志，期颐鉴初心

大家之为大家，其学术贡献自然令人仰止，但邬先生七十余年来所秉持的治学报国情怀更是这位思想大家值得敬仰的精神底色。1951年中华人民共和国成立不久，邬沧萍在美国纽约大学、哥伦比亚大学完成学业后，毅然放弃国外优越的条件，携家人回国参加建设、积极投身我国教育事业。1953年他到中国人民大学任教后先后教过统计学、人口学、老年学等课程。中国人民大学是中国共产党创办的第一所新型正规大学，前身是1937年诞生的陕北公学。邬沧萍作为爱国知识分子在中国人民大学系统学习了马列主义理论。“这让我的世界观、人生观、价值观有了一个质的提升。对教学工作来讲，掌握马克思主义的基本原理和哲学基础，就像既获得了一个望远镜，能够站得高看得远；又获得了一个显微镜，对小问题就可以看得更加深刻”。这为他的学术研究进一步奠定了马列主义的坚实基础，使他后来在研究中有了明确的指导方向，是他为什么能够敏锐洞察并深刻认识中国人口问题、老龄问题的重要缘由。

在跨越半个多世纪的职业生涯中，他的拳拳爱国之心始终融入在教书育人、著书立说等各个方面。也正是这份爱国、报国的初心，令他始终把学术研究与党和国家的需要结合起来，“只要是国家需要的，我从来都是无条件服从”。20世纪70年代初，我国的人口研究还是学术无人区，乏人涉足，他义无反顾地加入了新中国成立后重新筹组的首个人口学研究小组，牵头或参与编写、翻译了奠基性的人口学教材，撰写了改革开放后第一篇人口学理论文章，起草了新中国第一份人口研究报告。80年代初，在人口数量问题已成为研究热点时，他敏锐地判断人口老龄化将是中国很快面临的发展趋势，必须要立即作出理论和学科回应，于是他在80年代就开始指导研究生从事老龄研究，并于2003年创立了我国老年学学科。

早在抗日战争时期，在香港读书时经常阅读民盟《华商报》的邬沧萍，就十分赞同中国民主同盟坚持国共合作、坚持进步、反对分裂的一贯原则。因此回国后，他在辅仁大学党组织的推荐下加入了中国民主同盟。作为一名民盟委员，“立盟为公，参政为民”的优良传统在他的言行中也体现得格外突出，他始终紧扣关系国家发展和人民幸福的人口问题和老龄问题，在学术会议和参政议政的各个场合积极为国家发展建言献策。

坚定的马克思主义信念以及“先天下之忧而忧，后天下之乐而乐”的胸怀使他敢于担当，把服务国家作为最高追求，把学科建设作为发展根基，为党育人，为国育才，即便是到了期颐之年，他当初报效祖国的初心志向依然未减，以自己七十余年的杏坛耕耘和学术奉献证明了他深沉的爱国之情。

二、勇于学术创新，堪为经师楷模

学术大家的核心不仅在于勤于治学，具备广博精深的专业知识，更在于其对学科的引领作用和不断创新的学术思想。习近平总书记 2022 年 4 月 25 日在中国人民大学考察时强调，加快构建中国特色哲学社会科学，归根结底是建构中国自主的知识体系。在学科自主知识体系构建和学术创新方面，中华人民共和国成立以来人口学的恢复、发展，改革开放以来我国老年学从无到有乃至壮大的历程都印证了这位世纪老人对学科所倾注的毕生之力。邬沧萍在学术思想上的深厚积淀和他在学科发展上的奠基性成就无疑堪当学者的楷模。他不断在现实中观察、发掘新问题，反复揣摩、研究后大胆提出新的思想和观点，引领学科发展并始终站在学术前沿。

以人口学的教学研究为例，不难发现创新这一特点始终贯穿于邬沧萍先生的学术生涯。早在 1953 年他作为统计学教师参加第一次全国人口普查时，就意识到中国作为世界第一人口大国，必须尽快对人口问题进行科学研究。正是基于他扎实的理论基础、专业的统计学知识以及对人口问题的思考研究，使他毅然决定专注于人口学的研究和教学。作为学科开拓者，他主编、参编或撰写了一系列人口学的基础教材和工具书，如《人口学辞典》《人口通论（翻译）》《人口统计学》《世界人口》《人口理论》《世界人口统计资料》《人口译丛》《人口资源、环境关系史》等。鉴于我国人口众多的事实，他提议我国可以打破国外人口学只培养研究生的常规，招收少量本科生，在他和一些学者的推动下，1981 年中国人民大学和复旦大学开始招收人口学本科生。培养了新中国较早的一批人口学专业人才。为了推动人口学学科发展，他还建议创办我国现代第一份人口学刊物——《人口研究》。这些基础性的人口学学科建设工作对于开拓和创建我国现代人口学起到了重要的推动作用。邬沧萍在人口学领域的贡献使他荣获了人口学界最高奖励“中华人口奖”（第二届）、“人口学会终生荣誉会员奖”。

当他敏锐地从人口研究中认识到老龄化即将到来时，便率先于1984年在《人民日报》上撰文“人口老龄化和我们的对策”，不但清晰阐明了控制人口与人口老龄化的关系，还远见卓识地提出提高劳动生产率是解决老龄问题的关键，这是第一篇正式发表的关于我国老龄问题的理论文章。1986年，他提出中国的老龄化是“未富先老”，指明我国人口老龄化的独特性。至今，“未富先老”仍被广泛认为是我国在老龄化初见端倪之时，及进入老龄化后的较早阶段的显著特点。作为首位提出这一观点的学者，他很早就致力于寻求应对老龄化问题的中国方案，并为之作出理论诠释。1987年他在《中国人民大学学报》上发表了“论老年学的形成、研究对象和学科性质”一文，提出要“创建有中国特点的老年学”“老年学在我国是一门有现实需要的科学”。20世纪90年代初，他在对健康老龄化的理念、理论依据和实现路径作了大量研究后，于1994年在《人民日报》上呼吁“提倡健康的老龄化”。这些具有引领学科诞生、发展的思想，对于我国老年学学科的应运而生产生了强有力的推动作用。

1999年，在他的带领下，一本老年学奠基性的教材《社会老年学》正式出版。这部教材至今仍是我国社会老年学学科体系的扛鼎之作。在他和杜鹏教授的努力下，2003年教育部批准在中国人民大学成立了老年学研究所，这是第一个国内培养老年学博士、硕士研究生的高校研究机构。中国老年学学科由此正式拉开帷幕。正是这些具有基石作用的成果，使得人们亲切地称他为“中国的老年学之父”。他牵头撰写或主编了如《老年学概论》《中国人口老龄化过程研究》《人口老龄化：机遇与挑战》等我国老年学的基础教材和著作，已经成为国内老年学教学研究的必读书目，并有多项研究成果获得国家级或省部级奖励。

进入21世纪，邬沧萍依然以自己的勤奋和创新精神在治学之路上继续推陈出新，撰写了多部（篇）极具理论创新的著作、文章。2002年，当绝大多数人还局限在对经济增长的数量认识时，他不仅提出要重视老年人的生活质量问题，还通过学术论文如“提高对老年人生活质量的科学认识”以及学术会议，系统阐释了老年人生活质量内涵、指标体系等。继而在第二次老龄问题世界大会召开后，又开展了对积极老龄化的理论和政策研究，认为仅仅把积极老龄化理解为老年人参与社会发展是不够全面的，提出积极老龄化是一种战略思维。并早在21世纪初就倡导，我国应把积极老龄化理念升华为应对人口群体的老龄化。2019年，中共中央、国务院印发了《国家积极应对人口老龄化中长期规划》，2020年，党的十九届五中全会将积极应对人口老龄化上升为国家战略，在党的二十大报告中强调“实施积极应对人口老龄化国家战略”。可见邬沧萍等在十几年前开展的关于积极老龄化的研究在我国实现了从理论到国家战略的升华，也反映出他前瞻性、全局性的学术视野和敢于提出新观点的为学精神对我国应对人口老龄化挑战所产生的难以估量的价值。

虽然邬沧萍一直致力于老年学和人口学的研究，但他从不把老龄问题、人口问题单独剥离出来看待，更反对就老龄谈老龄、就人口谈人口的狭隘思想。他总是强调要从整个社会发展甚至人类发展的角度来看一切学术问题，才能看得清、看得远。2012年，由邬沧萍和杜鹏主编的《老龄社会与和谐社会》著作里，把老龄领域的若干问题融入于老龄社会和和谐社会的框架体系中，从一个更具全局性的视野分析老龄问题，为当代中国提出了积极应对人口老龄化的发展目标、美好愿景和实现路径。

面对我国快速的老龄化趋势，大量观点倾向于把老年人视作负担或包袱，从而主要从怎样更好地养老来考虑老龄问题。2019年，在邬沧萍97岁高龄之际，他组织多位专家学者一起合作完成了《老年价值论：积极应对人口老龄化的理论与实践》一书。从老年学、哲学、社会学、历史学、政治学、经济学等多个学科的角度系统论述老年价值。这部著作旨在通过全面分析老年人的价值，使人们能够对老年人持更科学、更客观、更积极的态度和观念，更新老龄社会中对老年人的偏见甚至歧视，为全社会形成积极老龄观奠定理论基础。他在学术上大力论证并倡导的积极老龄观的系列观点，与习总书记强调的“要积极看待老龄社会，积极看待老年人和老年生活”“把积极老龄观、健康老龄化理念融入经济社会发展全过程”等指导思想相契合，对于我国如何积极应对人口老龄化作出了充分的理论诠释。这些在学术上的贡献使他先后获得了“老年学终身成就奖”“第一届吴玉章人文社科终身成就奖”等多项奖励。

即便进入期颐之年，邬沧萍在学术上的创新仍卓然可见。在他 95 岁后，建立在以往调查研究和理性甚至感性认识的基础上，他又进一步深入思考影响健康的诸多因素，在仔细研读大量中英文资料后，大胆地提出了“存在决定健康长寿”的观点。他认为应该从人类的个体和群体来看待长寿和健康，人的寿命与遗传基因有关，但环境因素更为重要。其中的“存在”是从唯物论“存在决定意识”中发展衍生而来，存在是指人类赖以生存和生活的外在环境、条件和社会关系的总称。其中，环境包括宏观和微观的自然环境和社会环境。条件则是人类在生存和生活中具备体能和智能发挥的硬条件和软条件，包括能保障基本生活的物质条件如吃、住、穿、用、烧、行、乐等，主要体现在经济收入保障；还包括维护健康的条件包括公共卫生、预防、医疗、康复、心理治疗和照料护理的可及性和便利性；此外，条件还涵盖了保证人生存、生活和功能发挥的文化教育、思想道德等条件，以保障老年人能够过有福祉、有尊严的生活，老年人的社会参与不受歧视，在政治和法律上享受到公平和公正待遇等。他认为，存在(existence)与世界卫生组织提出的新健康老龄化理念中的环境(environment)存在不同。西方所指的环境一般指个人的生活生存环境，而邬沧萍提出的“存在”既包括微观环境又涵盖了宏观环境，即包括人类创造的物质文明、精神文明、制度文明、生态文明，这是决定微观环境和个体环境的前提条件。他阐释说，如果使用社会经济发展或用生活方式决定健康长寿，都不如用“存在”达意，而且用“存在”也蕴含了“存在决定意识”的哲学思想，包括人的世界观、人生观、价值观和健康观等意涵，对人们选择和坚持健康的生活方式十分重要。

更为难能可贵的是，2021 年 5 月国家统计局公布了 2020 年开展的第七次人口普查结果后，结合数据分析，邬沧萍认为我国少子老龄化程度比原来预测的还要高。很多专家之所以没有预见到我国的老龄化发展如此之快，是因为中国近些年的经济发展速度超过很多人的预计，而寿命长短与贫富水平关系极大，因此老龄人口的比例增长比估计的要高。但人口的健康依然还是短板。他提出，要获得长寿红利就必须重视健康老龄化、积极老龄化，要把健康问题提到新的高度。

关于学科自主知识体系构建，这位学术大家高屋建瓴地指出，应该从哲学社会科学的高度研究老龄社会的发展，应该超越照料、护理、物质生活，重视精神生活和人生价值，让所有人达到自由和全面发展，促进和保证社会的全面进步和共同富裕。因此未来的人口学、老年学应该考虑到从哲学社会科学的高度研究人口老龄化、国家政策和战略，在新征程真正做到富强、民主、文明、和谐，此外还应该再加上健康，把老年人和全民健康放在更高位置，减少对他人的依赖，才能更好地促进人类社会进步。

仔细研读邬沧萍教授这几十年的学术思想，不难看出他在治学中总是秉持并传递出这样几种精神：一是研究真问题，他涉猎的人口、老龄领域的若干问题无一不是中国社会现实中最迫切需要解决的实际问题；二是着眼大视野，他不是局限于从单一的方面或短浅的目标去看问题，而是站在国家、世界乃至人类的格局去做研究；三是重视理论创新，他不人云亦云，而是大胆提出新理论、新思想，进而展开严谨论证。

三、践行积极老龄观，塑造人师典范

如果说科学研究是邬沧萍的毕生志趣，那么他 70 余载的执教生涯则常常是最令他深感欣慰与自豪的成就。当他的学生们谈起邬老师时，勤奋积极、乐观豁达、爱生如子、严以律己是他们用得最多的关键词。在学生们的眼中，邬沧

萍无疑是最具表率的为学、为事、为人的大先生。

甘为人梯，为学生的成长、成才铺路搭桥是邬沧萍从教以来始终不变的初心。早在20世纪70年代中期中国人民大学人口研究所初创时期，为了培养我国急需的人口学专业人才，在现代人口学理论、方法和人口数据上能尽快与国际接轨，科学认识我国纷繁复杂的人口问题，他和刘铮、戴世光、查瑞传等教师们克服重重困难，从人口思想史、人口发展史、人口理论、人口统计学技术方法、世界人口等入手，在研究国外经典人口学的理论和方法的基础上编著适合我国国情的人口学教材和著作，为缺乏理论和方法的中国人口学研究做了大量基础性工作。当看到国内的人才培养远滞后于国际水平时，他尽心竭力为学生创造各种学习、培训机会。邬沧萍等学者不仅培养了新中国最早的一批人口学本科生、硕士生和博士生，也通过老年学专业的设立使我国在迈入老龄社会之初能够及时有专业化、高层次人才的储备。在邬老师的影响下，很多学生已成为我国相关领域的栋梁之材。

师者，严爱相济、润己泽人。这样的一位大先生对学生的教诲与关爱却不吝浸润在日常点滴之间。即使年近百岁，他也坚持每年为大学新生讲开学第一课。从82岁到99岁的18年间，每一届中国老年学学科建设研讨会邬老师都亲到现场发表主旨演讲，躬行对老年学人才培养的支持。2007年7月的学科建设会前夜邬老的夫人不幸病逝，邬老师非常悲痛，一整晚都在奔波，然而开幕式一早，他依然如期到场并发表演讲。他对教育事业的执着与热爱一直鼓舞着后辈学者。

师者，言为世则、行为世范。积极老龄化是国际社会提出的理念，而我国更进一步将之升华为应对人口老龄化国家战略的核心理念，提出实施积极应对人口老龄化国家战略。而邬沧萍不仅在理论上对这一理念作出了我国最早的理论诠释，还通过自己孜孜不倦著书立说、教书育人的百岁人生生动而成功地践行了积极老龄化、健康老龄化。且不论他90岁时出版了《老龄社会与和谐社会》，95岁主编完成60万字巨著《全面建成小康社会　积极应对人口老龄化》，97岁高龄完成了35万字的《老年价值论》，近百岁高龄还在推动修订《新编社会老龄学》，只要他认为是能够对老龄事业、人口事业、对别人有益的事，他都会积极参与、亲力亲为。

邬老师曾说“我的一生就没有懒惰过”。早年间即使被下放到农村，在条件极其艰苦的环境中他依然坚持学习、从不懈怠。由于他工作勤奋，1959 年被评为“北京市文教先进工作者”。到了晚年，他依然倾注大量心血来完成每一件工作。他主编的每一部著作都花费大量精力拟定提纲、标注文献来源，成稿后三番五次修改，排版后再逐一审阅，出版前还要看好几遍。很多参考文献上密密麻麻地标注了他的注解。他常引用一句诗“老牛自知夕阳晚，不须扬鞭自奋蹄”，90 岁以后的他仍每天工作六小时以上。例如，他在演讲发言之前都毫无例外会提前做好充分准备，认真思考、查阅资料、不断完善，因而他几乎每一次发言都有新的观点，且全程脱稿，言之有物。2014 年，中共中央宣传部、全国老龄工作委员会办公室评选的“最美老有所为人物”中，他是唯一来自高校的获奖者。正如颁奖词所言——“研学唯精，一心存报国家志。桑榆未晚，众口争夸矍铄翁”，无论困难几何，他总是以乐观的心态、积极的行动来体现自己对事业的执着，而这种积极向上的精神便持久地成为这位学术大家给后辈学人留下的鲜明印迹，终将引领他们去全身心地致力于自己所热爱的事业。

在现实中，对于师者而言，要做到既精通专业知识的“经师”，又具备德行涵养的“人师”并非易事，邬先生以他不懈的学术追求，对学生无尽的关爱提携展现了经师与人师的协调统一。“百岁华发少年梦，万世桃李下成蹊”，这是一位学生给邬老师的生日贺词，正是他百岁人生的凝练和真实写照。

邬先生在人口学、老年学领域的奠基性贡献不仅建立在其高超的治学之道上，以国为家、以学报国的家国情怀驱使他一旦选择了对国家、人民、学科有利的事业就矢志不移，直至人生终点。而扎实的马克思主义、唯物辩证法、历史唯物主义则为他的理论研究提供了根基和营养。马克思主义“解放思想、实事求是、与时俱进”的指导思想成为其人口学和老年学研究的根本遵循。他厚积的哲学功底使他在比常人更长的职业生涯中得以厚积薄发、硕果累累。在他多个重要的人生与事业阶段，守正创新、敏锐捕捉前沿的能力又使他独具对问题的前瞻性判断和选择。他所开拓并引领的人口学、老年学起初并非热门，甚至并不为众人看好，但正是他的胆识和坚守推动了这些学科的发展壮大，真正为我国的人口事业、老龄事业提供理论给养与人才储备。他对理论的热爱贯穿于他对每一个问题的思考之中，在深思熟虑、反复论证之后审慎提出独具创新价值的理论观点，进而升华为对实践的指导。积极乐观、老有所为的人生态度使得他不同于大多数进入老年期甚至暮年期的长者，他并不止步于过往的成就，而总是对未知的研究问题充满好奇并付诸实践。

也许邬沧萍在 1951 年踏上归国之路时，并未完全想象得到半个多世纪后他会对中国的人口学、老年学作出令世人称道的斐然贡献。尽管他或许有着过人之处，又或者历史的机缘巧合成就了这位学术大家，但源自内心的对学术的热爱和广博的人生格局与视野，才是使得他在学术之路上走得又远又宽的真正原因。他经常强调“要从整个社会发展甚至人类发展的角度来看一切学术问题才能看得清、看得远”。这对于如何在新时期加快构建中国特色哲学社会科学自主知识体系，以中国为观照、以时代为观照，立足中国实际，解决中国问题提供了宝贵的智慧和经验。

2017年6月，邬老师和中国人民大学老年学研究所部分教师
（从右至左：张文娟、杜鹏、孙鹃娟、唐丹）

关于邬老师的点滴回忆

王　谦

本纪念文集的主编向我约稿，我毫不犹豫地答应了。邬老师对于我来说简直是“神”一般的存在。关于这尊“神”，任何一位跟他有过接触、或者多少有点了解的人谈及他来，都会说出一串的赞美词：治学严谨，著作等身，勤奋探索，和蔼可亲，精神矍铄，声音洪亮，健康的老寿星……从我 1984 年认识邬老师直到他去世，整整 39 年。我曾是人大（中国人民大学）人口所的学生，多次听过邬老师授课，工作以后在各种场合多次见到他，似乎更有条件回忆邬老师。可一旦坐在电脑前要动手打字的时候，我却感到无从下手，总觉得提炼不出什么内容。思来想去，我还是讲讲自己亲历的有关邬老师的几件小事吧。

一、原来是“他”

1984 年 5 月初，我来人大参加研究生招考的复试。因为我原来报考的是工业经济系，被调剂到人口研究所，所以我对人口研究所各位导师的名字完全不知道。复试的前一天，天津财院的一位从人大统计专业毕业的老师告诉我人大人口研究所几位老师的名字：刘铮、邬沧萍、查瑞传、林富德。我望文生义地以为邬沧萍是位女老师。

复试当天的上午，3位考生参加面试，我和另外两位考生参加笔试。在人口研究所的一间办公室，我们三位考生围坐在两张办公桌前，一位头发花白的老教授走进来，拿出3份卷子，分别递给我们，很和蔼地说："答题时间的长短你们自己掌握，反正就是一上午。答卷当然是每个人独立写，不过，答题的时候如果有搞不清楚的，你们可以讨论一下，同学之间互相帮助嘛。"他说完就出门了。我真想不到，原以为庄重、森严的研究生复试笔试，竟然是自己上学以来，乃至以后经历的所有考试中气氛最轻松的一次。

当天下午，在上午考场对面的一间办公室面试，看到五位男老师坐在桌前，我心里嘀咕，那位叫邬沧萍的老师没来呀。面试的气氛依然非常轻松，几位老师轮番提问。上午发试卷的那位老教授看似很随意地提了一个问题："有一本书叫《第三次浪潮》，你读了吗？"对于我这个来自小城市的考生来说，这个问题太刁钻了。我当时根本就没有听说过这本书，我只能无奈地回答"没有"。没想到这位老教授依然是一脸轻松和善的表情，"哦，那就入校以后读吧"。入校以后，我到图书馆借阅的第一本书就是《第三次浪潮》。这本书上一年才出版了中译本，阐释了当时西方社会思潮的一些最前卫的观点。

在人口所的迎新会上，我又一次见到了面试考场上的五位老师，这五位正教授是刘铮，邬沧萍、查瑞传、林富德、侯文若（当时中国人口学界一共才六位正教授）。我这才对上号，原来复试当天见到的那位和蔼可亲的老教授是邬沧萍，是"他"，不是"她"！

二、"学会使用猎枪"

研究生第二年，邬老师为我们5位研究生（参加了复试的考生中有一位没有被录取）开设了一学期的"比较人口学"。邬老师选用的教材是联合国编的一本书，"The Determinants and Consequences of Population Trends"（《人口趋势的决定因素和后果》），这本书是20世纪70年代出版的，由当时全世界最有名的众多学者联合撰写，是一本教科书式的专著，17章，近700页，厚厚的一大本（用A4规格的纸复印），涉及人口、经济、社会的方方面面，书中的引文和注释特别多。

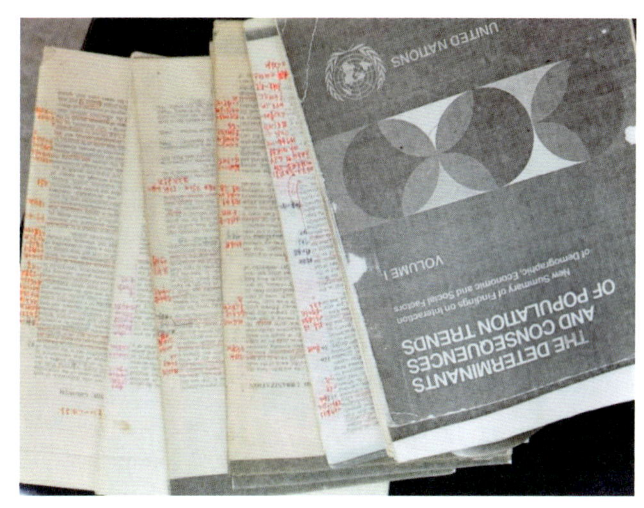

《人口趋势的决定因素和后果》

读这本书可真吃力啊！以我当年的英文水平，按邬老师的要求，每周阅读一章就是极大的挑战，光是用英汉字典查生词就查不过来，更不要说书中所阐述的观点对于我来说大多是陌生的，即使译成中文，也要反复琢磨，才能大致了解讲的是什么。

每周上课时（邬老师不是站在讲台上，而是和我们5个学生围坐成一圈），邬老师先简要地把这一章的内容（比如人口与自然资源、现代经济增长与人口等）串讲一遍，然后围绕这个主题，结合书中的观点，跟我们5位学生聊天、讨论。虽然邬老师提出了每周读书的篇幅要求，但每个学生到底看了多少，他似乎并不关心，而主要是引导我们在广泛涉猎相关知识的同时，对各种观点进行比较和分析。邬老师反复说："我不是送给你们猎物和干粮，而是教会你们如何使用猎枪。"

有一章我读得比较顺利，是关于统计的内容。除读了正文，我还看了所标注的引文出处。在邬老师串讲这一章的时候，我冒失地插了一句："查老师（指查瑞传教授）给我们讲的那个间接估计方法，原来就是……"

我话音刚落，邬老师就说："你看到了这个方法的出处啦，好啊，读书就是要这样啊。"虽然后来读其他章节的时候，我实在没能力查证每一个观点的出处，但从此我逐渐养成了读书要关注各个观点出处的习惯，无论标注出处是在每页的底部，还是在书末。

三、帮助晚辈化解难题

1986年9月，联合国人口司派一位阿根廷籍的专家阿瑞 · 阿葛到人大人口所讲学。外宾到京时已经很晚了，翟振武老师和我接机，并安排他入住涉外的北纬饭店。

第二天一早，我们赶到北纬饭店准备接外宾去人大人口所，谁知一见面，外宾就非常不高兴地向我们抱怨，昨天夜里没睡好，因为被小虫咬了，他一定要换一家宾馆住。北京城区当时仅有的几家涉外宾馆，我们都联系过了，都没有空余的房间，我们把这个情况告诉外宾。他大概经常到世界各地讲学，自恃见多识广，又比翟老师（当时30岁出头）年长10多岁，根本不听我们解释，执意马上就换宾馆，把行李箱都收拾好了。我们只好打电话把这个情况告诉所里。

邬老师很快赶了过来。见到比自己更年长的国际知名的Professor Wu，外宾的态度和缓了一些。邬老师没有在意外宾刚才的抱怨，而是跟他聊起自己的经历，说自己到过不同的国家，曾经遇到过这样或那样的窘迫的情况，包括蚊虫叮咬。邬老师边说边用手比画各种昆虫的样子，外宾的脸上渐渐露出了笑容。在邬老师跟外宾“周旋”的时候，翟老师和我按邬老师的提醒，联系、寻找郊区的涉外宾馆，终于找到了“回龙观饭店”。听说宾馆在郊区，外宾有点不高兴，又是邬老师向外宾解释：这家宾馆离城里是远一点，但那地方风景优美，居住、餐食很好。外宾一开始半信半疑，入住以后非常满意。一个月后，在外宾离开中国去机场的路上，大家聊起他初到中国换宾馆的经历，他特别向邬老师表示感谢。

四、谦逊与睿智

邬老师是中外公认的人口学领域的大专家，也是非常活跃的社会活动家（他是全国政协常委），他读书、研究所涉猎的范围之广，恐怕人口学界无人可比。不过，原四川省计生委主任谢明道却给我讲了下面这个故事：一次，谢明道随国家计生委副主任彭玉任团长的中国计划生育代表团出访，邬老师是团里唯一的人口专家，在和东道主交流时，中方团员都很自然地希望邬老师以专家的身份多发表些“高论”。但谢明道注意到，在访问有些机构时，邬老师讲得很少，甚至一声不吭。问及原因，邬老师回答，这家机构谈的业务我不懂。谢明道说：“说自己不懂，那是邬教授谦逊，谨言慎谈，那是睿智！”

1990年年初，中国人口学会在北京蓟门饭店召开第五次全国人口科学讨论会，会上，关于人口政策争论得很激烈。有一个人不按会议的安排在本组发言，而是逐一闯进其他小组的会场，先是打断别人正常的发言，接着便口若悬河地唠叨他自己非常偏激的观点。这个人的做法和观点引起了与会人员的普遍反感，甚至发生了争执。邬老师（好像是会议的秘书长）在大会上明确地提出批评，但语言却很幽默：“每个人在自己所在的组发言就好了，如果挨个到其他组讲自己的观点，而且是滔滔不绝，那就不是发言，倒像是‘兜售’。‘兜售’啊！”大概是担心自己的“广普”不易被听清，邬老师重复了一遍“兜售”，结果全场大笑。会场上原本紧张的气氛顷刻间轻松了许多，那些被“兜售”的极端观点好像也随着笑声无影无踪了，与会人员无不佩服邬老师的睿智。

看邬老师的学术履历，20世纪70年代到90年代，他全面参与中国人口科学的奠基和发展，所发表的专著、文章涉及范围很广，包括计划生育政策、人口控制、人口发展战略、世界人口、低生育水平、人口性别比、性别平等、人口资源环境的关系……我的同学詹长智就是在邬老师的指导下完成了关于人口资源环境的硕士和博士论文，当年邬老师在课堂上说的一句话（好像出自某次国际会议）我至今铭记：“我们今天的地球不是从祖辈继承，而是向子孙借用。”而进入21世纪，他发表的论文、专著、演讲只聚焦于老年学，这何尝不是一种睿智！

五、两张照片

邬老师和蔼和亲，没有架子。参加各种会议，在中间休息的时候，他总是被热情的人们包围。他时常站着发表几十分钟的演讲，观点睿智、逻辑清晰、金句迭出，不时引发阵阵掌声、笑声甚至是叫好声，而且他嗓音洪亮，腰不弯、背不驼，不需要别人搀扶，众人皆感叹不已。许多素不相识的人出于崇敬甚至好奇，提出和他合个影，邬老师都是来者不拒。

2021 年秋，在庆贺邬老师百岁寿辰的座谈会上，翟振武老师把一张照片投射在会场的屏幕上，那是 1989 年秋参加联合国人口基金在上海召开与中国合作十周年纪念会时与邬老师的一张合影，照片上还有石玲和王谦。不知道谁喊了一声："现在四个人都在这儿，再照一张吧。"在笑声和掌声中，邬老师欣然健步上台，站到众人指定的位置，与我们四人按 32 年前相同的站位又一次合影。

六、百岁寿礼

2021 年秋，人大人口所为邬老师庆贺百岁寿辰，散布在世界四地的 84 级 5 位研究生向邬老师献上一首诗，由詹长智以"紫绶金章"开头，我接续完成，我的大学同学沈熙林按横排和竖排各书写了一幅书法作品。

王谦、邬沧萍、石玲、翟振武在会议上合影

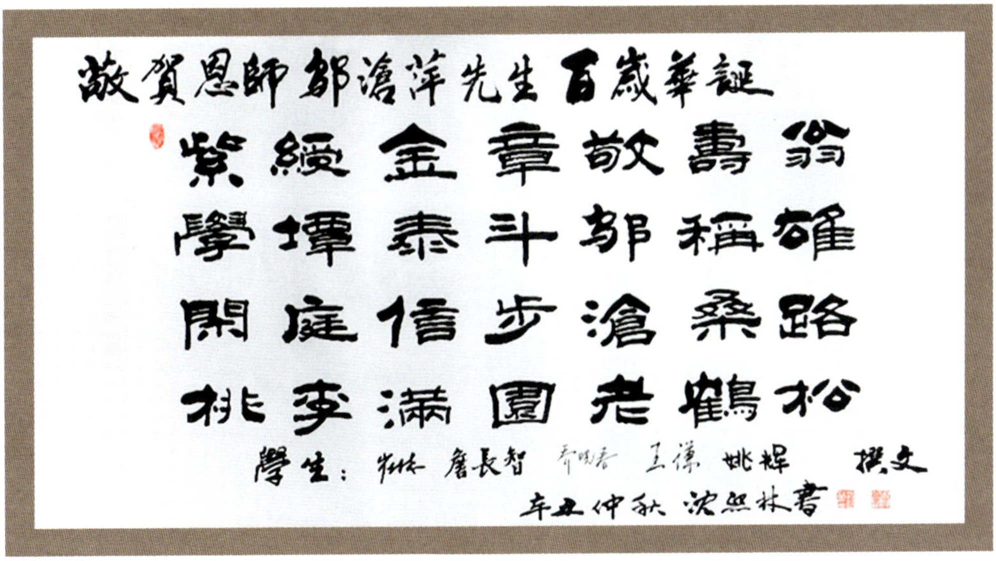

沈熙林出

敬贺恩师邬沧萍先生百岁华诞：

紫绶金章敬寿翁，

学坛泰斗邬称雄。

闲庭信步沧桑路，

桃李满园老鹤松。

各位朋友，看出诗中隐藏的敬语了吗?

邬沧萍先生：是大学者，还是好朋友

陆杰华

时至今日，改革开放新时期中国人口学、老年学学科的重要开拓者和奠基人，中国人民大学荣誉一级教授、博士生导师邬沧萍先生离开我们已经一年有余，但是他老人家的音容笑貌、一言一行以及对我们晚辈的谆谆教诲仍然清晰地浮现在我的眼前，仿佛在昨天。度过人生百年，从教七十多年，邬先生不仅是我们值得学习和敬佩的大学者，同时也是我们日常生活中的人生挚友。

一、学术引路人

从跟敬爱的邬先生第一次交集到今天，算起来已经整整40年。1984年秋季，我大学刚刚毕业就幸运地通过层层选拔，最终获得了联合国人口基金的留学金资助，作为出国预备班一员的我在北京语言学院开始了赴美前为期一年的英语和人口学专业知识培训。1984年年底，出国预备部有幸邀请了当时已年过花甲的中国人民大学邬先生给我们讲授人口学知识。我现在都清晰地记得，邬先生操着浓郁的广东口音，声音洪亮地讲授人口统计学知识，他讲授的人口统计方

2021年5月22日参加第十七届中国老年学学科建设研讨会，在开幕式上与邬先生合影（拍摄者：杜鹏教授）

法紧密结合现实、深入浅出、通俗易懂，为我后来赴美攻读人口学硕士奠定了扎实的基础。20世纪90年后期，因为博士毕业之后留在北京大学工作，跟邬先生的接触也就多了起来，尤其是我将老龄研究作为主要研究领域之后，经常有机会跟邬先生在学术会议、博士论文答辩、座谈会等公开场合见面，并当面向他请教学术问题。近20多年，我先后参与邬先生主编的《社会老年学》（修订版）、《老年价值论》等学术专著，收获颇丰。毫不夸张地说，我在人口学、老年学领域所取得的每一步进步都离开不了邬先生的悉心指导，他也是我学术研究的引路人。

二、晚辈提携人

众所周知，邬先生长期耕耘在中国人口学、老年学界，他学术产出多、影响力大，著作等身，不仅是国内学界公认的一位德高望重大学者，同时也是国际人口学、老年学界有重要影响的中国学者。据我所闻所见，作为长辈和大学者，邬先生无论是对同龄人还是对晚辈，都给予无私的帮助、支持和指导。我印象非常深刻的一件事，是20多年前，我熟悉的一个从事社会保障领域的朋友，之前其实跟邬先生并没多少交往，她潜心治学，花了几年写了一本颇有新意的社会保障学专著，之后非常忐忑地联系邬先生，希望他能给这本即将出版的新书写序。邬先生不假思索地答允下来，按时提交了序言，该书也顺利出版，并得到了学界的普遍好评。后面每次遇到这个朋友，她对邬先生都是心存感激。当然，很多认识和熟悉邬先生的晚辈，无论年龄大小、资历深浅、职位高低，都有不同程度得到了他老人家的提携，可以说是为这些年轻人的一生成长增彩添色。

三、和蔼可亲人

对于不熟悉邬先生的人来说，邬先生治学严谨、止于至善，是学术界的常青树。其实，对于我们这些熟悉邬先生的晚辈们来说，他更为可贵的精神遗产是他为人朴实、平易近人、和蔼可亲，是我们晚辈心目中的“老顽童”。大概是20世纪90年代后期，我那时还没步入不惑之年，有一次开会期间跟年近八旬的邬先生闲聊，他关切地问我：“老陆，最近在做什么研究？”我当时诚惶诚恐，也就是从那个时候起每次见到邬先生，他总是以“老陆”称呼我。邬先生曾经是民盟中央常委，也做过全国政协常委。后来他通过其他渠道知道，我因为是九三社员后来被推荐为北京市政协委员之后，每次见面他也总是关心地问道：“老陆，最近提了什么有新意的提案吗？”并叮嘱我在政协这个大家庭里一定要勤学、勤思、勤做、勤勉。

常人道，一名学者之所以伟大，不止于其伟大的学术贡献，更在于德行、胸怀、境界之伟大。在我看来，邬先生无论是在学术还是在人品方面，都为晚辈树立了一座永远被仰望的丰碑。

老年价值论是实现“五个老有”的理论之基

原新　金牛

随着老龄社会形态不断深化，老年人从传统观念中脱离社会的边缘角色正在不断走向社会舞台的中央。科学认识和把握老年价值，不仅事关人的全面发展，更事关社会和谐发展，乃至深刻影响文化重塑。

一、老年价值论生成于健康老龄化和积极老龄化的演变历程

邬沧萍教授是我国人口科学和老年科学研究和教育的导师，始终以开拓性、超前性、创新性思维指导我国人口科学和老年科学研究的新方向和重大问题，提出了众多的创新命题和创新思想，老年价值论就是其中之一。老年价值论是倡议、政策和实践多维相连且逻辑递进的完整理论，经历了从健康老龄化倡议到健康老龄社会目标，从积极老龄化倡议到积极应对人口老龄化国家战略，再转化为系统理论的演变历程，始终遵循人口与经济社会的协调可持续发展理念。

（一）从健康老龄化倡议到健康老龄社会目标

1990 年，世界卫生组织在哥本哈根会议上首次提出“健康老龄化”倡议，将其作为应对人口老龄化的一项发展战略。根据世界卫生组织对“健康”的

邬沧萍（摄于2019年）

定义，健康是一种完全享有身心健康和社会福祉的状态，由此延展的“健康老龄化”在广义上包括了老年人个体和群体的身心健康，以及社会的人文环境健康，在狭义上主要指老年人个体和群体的身体健康，包含“老有所养”和“老有所医”两个方面。健康老龄化的命题在国际上一经提出，邬沧萍先生就对此进行了深入研究，他肯定了健康老龄化是对长寿化的超越，在长寿的基础上关注到长寿健康具有重要意义，但是强调健康老龄化只涉及人群的健康问题，只是讨论老年人个人和群体如何适应个体生命衰老、群体老龄化的社会事实，并未触及社会或组织系统如何积极适应人口老龄化的过程，于是他创造性地提出“创建一个健康的老龄社会”的综合性目标，以此超越“健康老龄化”倡议的初始内涵。

（二）从积极老龄化倡议到积极应对人口老龄化国家战略

在1999年国际老人年期间，世界卫生组织发起了一场“积极老龄化全球行动”。2002年，世界卫生组织向第二届老龄问题世界大会提交了“积极老龄化”的书面建议书，被大会接受并写进《政治宣言》和《行动计划》。大会之后，世界卫生组织出版了《积极老龄化：政策框架》，在全球范围发起积极老龄化倡议。积极老龄化政策框架包括健康、参与和保障三个支柱，体现了国际社会对老年人的态度经历了从被动式保障到主动式参与的转变，既涵盖了健康老龄化倡议中的“老有所养”和“老有所医”，又囊括了“老有所学”“老有所为”“老有所乐”的相关内容。邬沧萍先生充分肯定了积极老龄化的重要意义，认为积极老龄化的提出旨在应对个体老龄化和人口老龄化，以老年人健康长寿和保持高生活质量为目标，是基于健康老龄化、生产性老龄化和成功老龄化等精炼出的新概念。基于此，他对积极老龄化的科学内涵进行了重新诠释，认为“积极老龄化”是“健康老龄化”的升级版，仅仅把积极老龄化理解为老年人参与社会发展还不够全面，强调将积极老龄化上升为一种战略思维。2020年，党的十九届五中全会提出“实施积极应对人口老龄化国家战略”，将积极应对人口老龄化正式上升为新时代的国家战略。

（三）从老龄倡议和政策到老年价值论

经过多年倡议和探索，健康老龄化和积极老龄化都已被纳入老龄政策体系之中，但是在政策引导实践向新进程迈进的过程中，理论的欠缺无法弥合政策和实践之间的缝隙。鉴于此，邬沧萍先生独具特色地提出老年价值论的学术思想，并与中国的具体实践相结合，在经济、社会、文化、政治等多元框架体系中呈现老年价值的基本内涵、现实状况、机遇挑战和实现机制，老年价值基于队列影响从个体扩展至群体，基于可持续发展从局部延展至整体，已经为全面建成小康社会奠定了人口基础，转化为供给积极应对人口老龄化的政策理念，将为全面建设社会主义现代化国家注入强大动力。

二、老年价值论升华于实现“五个老有”的机制过程

实现老年价值不是无源之水、无木之本，需要通过“老有所养”夯实物质和服务基础，通过“老有所医”筑牢健康根基，通过“老有所学”增强能力水平。实现老年价值也不是水中望月、空中楼阁，需要通过“老有所为”发挥积极作用，通过“老有所乐”提供目标指引。在实现“五个老有”的机制过程中，老年价值论得以升华为成熟理论。

（一）“老有所养”是夯实老年价值的基础

近代以来，发达国家率先经历重大技术革命时期，物质财富快速积累，医疗卫生水平大幅进步，生产和生活方式发生巨变，欧美国家率先进入老龄化社会阶段，到 20 世纪五六十年代，发达国家几乎全部进入老龄化社会阶段，养老保障安排不断建立健全。早在 20 世纪 80 年代，中国尚未进入老龄化社会阶段时，邬沧萍先生就敏锐地观察到西方动态，结合中国国情，指出“老有所养”是“老有所为”的前提，要确保“老有所养”目标的实现。中国从 2000 年开始进入老龄化社会阶段，受到传统养老文化以及西方国家养老保障先行经验的影响，从养老金和养老服务两个方面进行养老保障建设，为夯实老年价值奠定了牢固基础。经过多年努力，在养老金方面，中国已经建立起以基本养老保险为基础，以企业（职业）年金为补充，与个人储蓄性养老保险和商业养老保险相衔接的三支柱养老金体系；在养老服务方面，中国已经建立起居家为基础、社区为依托、机构为补充、医养康养相结合的多层次养老服务体系。

（二）“老有所医”是筑牢老年价值的根基

世界卫生组织在 2002 年提出以健康、参与和保障为主要内容的积极老龄化政策框架，其中，健康是促进老年人社会参与的基础。邬沧萍先生在 21 世纪之初就强调长寿是健康的标志，但是长寿又不能充分体现健康。他在专著《全面建成小康社会 积极应对人口老龄化》中进一步阐述老年人健康维护的主要内容，

包括针对全体老人的日常生活保健，针对病患老人的医疗服务，以及针对失能老人的康复护理服务，拓宽了“老有所医”的广度，为在实践中维护老年价值提供了重要保障。一方面，探索建立长期护理保险制度。2016 年，人力资源和社会保障部印发《关于开展长期护理保险制度试点的指导意见》，选取上海等 15 个城市开展长期护理保险制度试点。2020 年，国家医保局会同财政部印发《关于扩大长期护理保险制度试点的指导意见》，将试点市（区）扩展至 49 个，并在制度框架、资金筹集、待遇支付等方面不断完善，为长期失能人员的“医养结合”提供制度保障。另一方面，加强社区老年康复服务建设。经过多年努力，中国已经建成依托残联系统的市—县（区）—镇（街）三级社区康复站点、下设于社区卫生服务中心的康复站、与大型医院合作的社区康复服务中心等多样化的社区康复服务体系，为“康养结合”提供了基础保障。

（三）“老有所学”是提升老年价值的保证

1994 年，联合国教科文组织在罗马举行“首届世界终身学习会议”，提出“终身学习是 21 世纪生存概念”。2002 年，第二届老龄问题世界大会强调“终身学习、终身教育、终身健康”的积极老龄化理念，彼时年届 80 岁的邬沧萍先生作为中国代表团顾问远赴马德里参会，他身体力行“老有所学”的终身学习理念，强调老龄问题不单是老年人问题，要学会积极看待老龄化过程，把长寿看作继续成长和发展的机会，是老年价值不断提升的过程，而不是一个衰退的过程。该观点得到政策部门的高度重视，在后续不同时期的老龄政策制定中均有体现。习近平总书记在 2016 年 5 月 27 日中共中央政治局第三十二次集体学习时进一步指出：“要积极看待老龄社会，积极看待老年人和老年生活，老年是人的生命的重要阶段，是仍然可以有作为、有进步、有快乐的重要人生阶段。”2021 年，《中共中央 国务院关于加强新时代老龄工作的意见》提出，将老年教育纳入终身教育体系，推动扩大老年教育资源供给。2022 年，国家开放大学加挂国家老年大学牌子，老年教育资源共享和公共服务的国家级平台正式建立，覆盖广泛、主体多元、资源共享、灵活多样、特色鲜明、规范有序的“老有所学”发展新格局正在形成，为提升老年价值提供了重要保证。

（四）“老有所为”是实现老年价值的支撑

“老有所养”和“老有所医”夯实了“老有所为”的健康价值基础，“老有所学”夯实了“老有所为”的人力资本价值基础，因此，邬沧萍先生强调“老有所为”是由此而来的合乎规律的发展过程。“老有所为”包括老年人社会正式参与和社会非正式参与。老年人社会正式参与是指老年人继续就业或者再就业，并获取报酬或经营收入的活动，这类老年人口也被称为老年在业人口。老年人社会正式参与的老年人口规模逐年扩大，低龄老年人口成为参与主力，而且农村老年人劳动参与率较高。老年人社会非正式参与不以获取经济报酬为目的，自愿自主地参与社会活动，包括民间社团、老年协会、文化团体、志愿者、社会工作、文体娱乐以及家庭互助等各类活动。当前，老年人社会非正式参与已然成为“老有所为”的主要表现，是实现老年价值的主要支撑。第一，老年人参与基层治理和管理。刚步入退休阶段的老年人身体状况尚佳，此时职业生涯的中断和社会角色的转变更加需要认同感和归属感，参与基层治理和管理是提升认同感和归属感的途径之一。第二，老年人参与志愿服务活动。志愿服务活动是志愿者不以获取物质报酬为目的，自愿贡献时间、能力和财富，为社会和他人提供公益服务活动。第三，老年人参与家庭内部活动。老年人家庭活动的参与过程是家庭成员之间的亲情互助，既能体现老年人的家庭价值和被需要感，也能促进老年人与家庭成员之间的情感交流。第四，老年人参与精神文化活动。老年人进入老年大学的意愿，从侧面反映老年人的精神文化需要和自我实现需要。精神文化活动还包括运动、旅游等，有利于延长健康期的长度，增加老年人的健康预期寿命。

（五）“老有所乐”是追求老年价值的归宿

长期以来，社会大众对“老有所乐”持有传统偏见，将“老有所乐”简单等同于被晚辈晨昏定省，享受多代同堂、儿孙绕膝、含饴弄孙的天伦之乐。随着人口老龄化、家庭小型化、居住分散化等变迁加剧，“老有所乐”的内涵价值也变得丰富，新时期实现“老有所乐”已然成为推进“老有所养”“老有所医”“老有所学”“老有所为”的出发点和落脚点，成为发掘、开发和追求老年价值的目的归宿。邬沧萍先生用毕生心血开拓了一“生”一“老”之学，百岁高寿仍然躬身力行老年价值论，耕耘在老年学的学术前沿，他是拓展和实现新型“老有所乐”的典范和榜样。新时期的新型“老有所乐”意味着老年人在精神上得到满足和享受，拥有幸福、快乐的晚年生活，这种满足和享受体现在三个层次的递进，首先是实现“老有所养”和“老有所医”的生存发展和健康保障，进而实现“老有所学”的自我提升保障，再是“老有所为”的自我实现保障，在递进的全链条中始终彰显着对老年价值的追求和探索。

学习邬沧萍先生健康老龄化思想，促进中国实现健康老龄化

陈友华

邬沧萍先生作为中国人口学和老年学的开拓者与奠基人之一，其学术生涯见证了中国社会科学研究从无到有、由弱至强的历程。在那个信息尚不发达、研究条件艰苦的年代，邬沧萍先生凭借其深厚的学识基础和敏锐的学术洞察力，勇敢地进入了当时鲜有人问津的人口学与老年学领域，为中国人口与老龄问题的研究作出了卓越的贡献。

邬沧萍先生的学术贡献，不仅在于填补了许多中国人口学与老年学学科空白，更在于他提出的许多具有前瞻性和创新性的理论观点。在人口学领域，他强调人口变迁与社会经济发展之间的紧密联系，提出了人口问题不仅仅是数量的增减，更是素质、结构、分布等多方面的综合问题。他深入研究了人口增长与经济发展之间的关系，认为合理控制人口增长、优化人口结构是实现经济可持续发展的关键。同时，也关注人口迁移流动与城市化问题，认为人口的合理流动和城市的健康发展是现代化进程中的重要组成部分。在老年学领域，邬沧萍先生的学术观点充分展现了其对老年人的深切关怀和尊重。他引进了“健康老龄化”和“积极老龄化”的理念，并结合中国实际赋予其新的内容，强调老

年人是社会的重要财富，他们的健康、参与和保障是衡量社会文明进步的重要标志，应该为老年人提供充分的健康保障和社会支持，鼓励他们积极参与社会活动，努力实现自我价值。

邬沧萍先生深刻认识到单一学科视角的局限性，因此在他的学术生涯中，积极推动人口学、老年学与其他学科的有机融合，促进了这些领域的理论发展和实际应用。在经济学与社会政策的结合方面，他认识到人口结构变化对经济发展有着深远的影响，倡导将人口学理论与经济学分析相结合，科学预测人口发展趋势，为制定经济社会政策提供依据。例如，通过分析老龄化趋势对劳动力市场、消费模式、社会保障体系的影响，为政府制定相应的经济和社会政策提供了实证基础。在公共卫生与医学的交叉方面，鉴于老年人健康问题日益突出，他推动了老年学与公共卫生、医学的交叉研究，关注老年人的健康需求、疾病预防与管理。这种融合不仅促进了对老年疾病的深入理解，也推动了老年健康服务模式的创新和发展。在社会学与心理学的融入方面，他强调在研究老年人口问题时应考虑社会变迁对老年人心理状态及社会角色的影响，倡导将社会学关于社会结构与变迁的理论，以及心理学对个体行为与心理健康的理解，融入老年学研究之中，以更全面地探索老年人的生活质量、家庭关系和社会参与问题。

邬沧萍先生首先将健康老龄化与积极老龄化等一系列概念与工具带入中国，并赋予新的含义，在推动人口学、老年学等学科融合发展中做出了重要贡献。在 20 世纪，老龄化研究主要聚焦于人类寿命的延长。随着全球生育率的下降和平均预期寿命的显著延长，以及公众对高品质生活追求的日益提高，社会面临着一系列新的问题与挑战。其中，非健康老龄化现象尤为突出，它不仅可能导致医疗保健成本的急剧上升，护理需求的显著增加，还对社会照顾资源形成巨大压力。这些变化对社会经济结构、医疗保健系统以及养老金体系等多个领域产生了深远的影响。中国不可避免地与其他快速老龄化的国家一样，面临着一系列经济和社会问题的挑战。这一话题随即引出了一个深刻的疑问：当今社会应当如何全面推动并实现人口的健康老龄化？在理想情景下，健康老龄化表现为老年人发病率的下降、健康预期寿命的延长与带病生存期的缩短。这表明，伴随着老年人群预期寿命的延长，其健康余寿亦将实现持续的增长，同时，不健康余寿的比例将呈下降趋势。然而，中国在20世纪90年代已经完成从急性传染疾病到慢性非传染性疾病的流行病学转变，例如中风、缺血性心脏病、癌症、慢性阻塞性肺病等非传染性疾病已成为中国的主要死亡原因。非传染性疾病发病率的持续上升，无疑给中国医疗部门带来了前所未有的严峻挑战。在这样的背景下，邬沧萍先生以其前瞻性的敏锐眼光，早就意识到了老龄问题的重要性。1984年，他在《人民日报》上发表了具有深远影响的《老龄问题和我们的对策》一文。该文对我国人口老龄化问题进行了系统而全面的探讨，并从多维度进行了深入剖析，强调应当对老龄问题给予高度重视，必须以科学、理性的态度来认识这一问题。此外，还详细论述了人口老龄化对社会发展带来的多方面的挑战，以及控制人口增长与预防人口过分老龄化的紧迫性。在随后的1994年，他在《人民日报》发表了《提倡“健康的老龄化”》一文，指出“健康老龄化”已被作为人类应对人口老龄化挑战的一项战略目标。在21世纪初，大部分学者仍停留在理解和学习健康老龄化的抽象概念之际，他已系统地阐释了老年生活质量的深层内涵及其评估指标体系，并将积极老龄化理念升华为人口老龄化应对策略。这些深入的探索与缜密的思考，对于我国老年学的实际运用和发展起到了显著且强有力的推动作用。从国际层面上看，“健康老龄化”这一概念最早在1987年世界卫生大会上首次被正式提出，旨在通过延长寿命和提高生活满意度，成为老龄研究项目中的核心议题。随后，世界卫生组织在1990年哥本哈根世界老龄大会上，进一步将“健康老龄化”确立为应对人口老龄化挑战的重要发展战略。其核心理念在于，通过关注老年人的健康状况和医疗保健，实现生物学年龄与心理年龄的延长，强调提升老年人的生活质量，减少带病生存的时间，并增加健康余寿，以确保老年人能够在良好的身体机能状态下度过晚年直至生命终结。在随后的数年间，世界卫生组织对“健康老龄化”的概念进行了进一步的深化和拓展。这一概念现涵盖在保障个人权益的前提下，老年人所应享有的保护和照顾，以及他们持续参与经济社会发展各项活动的权利。同时，它强调将疾病和生活不能自理的状态尽可能推迟至生命的最后阶段。在最新的修订中，世界卫生组织将“健康老龄化”定义为维护老年健康生活所需的功能发挥过程，这一定义凸显了老年人在保持健康、参与社会以及享有尊严生活方面的重要性。可以看到，邬沧萍先生在老龄化和老龄健康领域的洞察充分展现出了独特的前瞻性和国际视野。他在20世纪90年代对中国老龄化问题及其发展趋势的深刻分析，不仅体现了对当时社会现象的敏锐捕捉，更彰显了对未来趋势的精准预判。此外，他积极吸收国际上关于健康老龄化的先进理念，并结合中国国情进行了深入解读和再认识。这种从理论到国家战略的升华，不仅凸显了邬沧萍先生在十几年前所开展研究的卓越成果，也充分展现了其前瞻性、全局性的学术视野以及勇于提出新观点的学术精神。

在邬沧萍先生的晚年阶段，他依旧在学术领域中保持着显著的创新精神，并且取得了卓越的学术成果。他提出的“存在决定健康长寿”的概念，揭示了健康老龄化的核心要素，并在现代社会中展现出了重要的实践价值。健康老龄化不仅仅是老年期生理和心理状态的保持，更是一种生活方式的体现。他强调，老年人的健康长寿不是偶然的结果，而是由多种因素共同作用的结果。他认为人的寿命与生物遗传有关，但环境因素可能更为重要。其中，“存在”这一概念扩展到了除思维之外的人类生存环境、条件和社会关系的总称，并强调这些外部因素如何决定个体的意识，进一步影响其世界观、人生观、价值观和健康观的形成，最终导向不同的生活方式和健康状态。这种理论框架是对传统健康长寿观念的拓展，突出了社会环境和个人选择在促进健康老化中的重要性。首先，生活环境对老年人的健康长寿具有重要影响。一个安全、舒适、宜居的环境能够为老年人提供基本的生活保障，减少因环境因素导致的健康风险。政府和社会应该关注老年人的居住环境，提供适合老年人生活的住房、交通、医疗等设施，为他们的健康长寿创造有利条件。其次，社会支持是老年人健康长寿的关键因素。

老年人需要得到家庭、社区和社会的支持和帮助，以满足他们在生活、心理和情感上的需求。这种支持不仅包括物质上的帮助，更包括精神上的关怀和陪伴。通过构建完善的养老服务体系，加强老年人社会参与和互动，可以增强老年人的社会归属感和幸福感，进而促进他们的健康长寿。此外，心理状态对老年人的健康长寿同样具有重要影响。积极的心态、乐观的情绪和丰富的精神生活可以提高老年人的生活质量，增强他们的身体免疫力，从而实现延年益寿与健康长寿的目标。从这个意义上看，这一概念是适者生存理论的社会学延伸。它意味着老年人能否健康长寿，在很大程度上取决于他们能否有效地适应其生活环境，包括物质环境（如居住条件、医疗资源）、社会环境（如家庭支持、社区参与）和心理环境（如心理健康、社会认同感）。更进一步地看，还要求老年人不仅要认识到老化的必然性，还要学会利用现有的资源和条件，通过锻炼、健康饮食、持续学习、社交活动等方式主动适应这一过程，进而实现“健康的老化”。这为制定应对人口老龄化的公共政策提供了新的视角，促使决策者不仅关注医疗保健体系的建设与完善，还重视改善老年人的生活环境、社会参与度以及心理健康，推动了健康老龄化的政策实践。在这一基础上，邬沧萍先生深入分析了人口结构变化对经济社会发展的影响，尤其是在老龄化社会的挑战与应对策略上，提出了诸多建设性的意见。他强调“积极老龄化”理念，倡导全社会应以更加开放和积极的态度面对人口老龄化，这一观点不仅在国内引起了广泛共鸣，也在国际学术界产生了深远影响，为中国乃至全球的老年政策制定提供了宝贵的理论支撑。

邬沧萍先生的一生，是与国家与民族命运紧密相连的一生。无论是参与国家人口政策咨询，还是在教育领域培养后继人才，邬沧萍先生都身体力行，用实际行动诠释了一位学者的社会责任感和使命感。他主张的“人口、资源、环境协调发展”理念，至今仍是指导可持续发展战略的重要思想源泉。邬沧萍先生的工作为此树立了典范，他的贡献不仅丰富了学术研究的内涵，也为应对中国乃至全球的人口老龄化挑战提供了宝贵的智力支持。

邬沧萍：跨越时代的学术巨擘与精神偶像

陈 功

邬沧萍教授是学界泰斗，更是精神楷模，他为人谦虚，思想深邃，始终坚守家国情怀，秉持“学以致用、学以成人”的治学理念，在人才培养、学术科研和精神传承等方面为整个人口学界留下了厚重的财富。从1990年我到中国人民大学读书认识邬沧萍先生起，迄今已经有30余年了，他的学术思想、处世哲学深刻影响和沁润着我，使我获益终生。

一、教学楷模：西学东归，学以致用

说到我第一次与邬先生相识，源自我入读人民大学人口研究所之初，我曾在《百岁人生：邬沧萍口述实录》中写道：“1990年一到人民大学，人口所的师兄师姐们都特别高兴，因为我们这一届开始是两年才招一届本科，他们对我们这些期盼已久、初来乍到的新人关怀备至。学长们特别骄傲地给我们科普：人大人口所很牛！之所以牛，就是其他人口所最多有一到两位著名专家，而人大人口所有‘四大长老’，都是中国人口学的开拓者，中国人口学界的领路人。从学长们的介绍中，我第一次知道了‘四大长老’之一的邬沧萍教授。”至此，我有幸在人民大学读书期间多次聆听邬先生的教诲和参与邬先生主持的学术活动，开始对人口学特别是老年学产生浓厚的兴趣和热忱，可以说先生对学科的倾注和对学术的热情点燃了我的读书梦想。

邬先生坚持研究服务于国家大局，认为“国家的需要是最大的动力”，并以此为指引，投身于人口学这一关乎国计民生的朝阳学科。在选择研究领域这一问题上，先生曾说：“只要是国家需要，我从来是无条件服从。另外，当时我隐约感到，中国的人口学研究，未来会有重大突破。世界上，中国的人口最多，中国的人口问题最复杂。人口问题在任何一个国家都不会像在中国这样，对整个经济社会发展产生如此重大的影响。人口问题，在中国是头等重要的大事。我意识到了人口学研究的紧迫性、特殊性和必然性，看到它是一门十分有希望的朝阳学科，便义无反顾地踏入这个当时的学术空白区。今天看来，我有幸成了这门学科的开拓者、参与者和见证者。30 年来，我一直在为人口学摇旗呐喊。”

先生坚持有教无类、一视同仁。多年来，邬先生始终坚持给本科生讲新生开学第一课，编写教科书和工具书，我现在给学生上课还在使用邬先生主编的《社会老年学》教材。最令人感动的是，邬先生坚定支持老年学教学和研究委员会建设工作，自 2003 年起，在邬先生的支持和鼓励下，我和杜鹏教授等一批专家学者建立了老年学学科建设网络并举办学科建设研讨会，邬先生连续参加了 18 届老年学学科建设研讨会，坚持给后辈做报告。邬先生对人口学和老年学学科建设的很多思考，是我今后研究和教学工作中的宝贵财富，一直激励我直到北大工作期间，可以说受益终生。

关于学科建设与教学工作，邬先生与北大有很深的缘分，多年来也一直关心关注北大人口学科发展。邬先生早年求学于岭南大学，随后在 1948 年至 1951 年间赴美深造，在美国纽约大学和哥伦比亚大学研究生院学习经济学和统计学，学成后邬先生放弃海外优渥条件而投身新中国建设，回国后在当时的辅仁大学教书，后来北京大学、清华大学、燕京大学、辅仁大学四所大学的财经系老师组成中央财经学院，一年后并入中国人民大学。为了贯彻落实调整方案，1952

2013年出席在北京大学召开的“第八届中国老龄产业高端论坛”期间，叶静漪教授为邬沧萍教授颁发聘书（图片来源：北京大学新闻网）

年6月25日，教育部组织成立了京津高等学校院系调整办公室，邬沧萍先生以辅仁大学教授身份担任“京津高等学校院系调整北京大学筹委会”教务组成员。也正是源自这一缘分，多年来，邬先生始终心系北京大学人口学和老年学学科建设和发展，关心北京大学老年所的发展：2005年北京大学举办首届人口学家前沿论坛，邬先生受邀担任大会评论员；曾多次受邀到北京大学进行学术报告和讲学，受聘为北京大学老龄问题研究中心兼职教授。2019年北京大学人口所建所40周年纪念活动之际，98岁高龄的邬沧萍先生专程来到北京大学参加庆典活动，他亲切寄语北京大学人口所：“希望人口研究所能够继往开来，继续前进，不负国家和民族的重托，继续开创我国人口科学发展新局面，谱写新的华章，创造新的辉煌，明天更加美好，桃李满天下。”这是对我本人的重要鞭策，也是对北京大学人口和老龄研究的重要激励。

二、科研传承：辩证求实，躬行求索

在科研工作世界观的角度，邬先生融合马克思主义哲学与辩证法，强调多学科交叉融合的重要性。先生坚持马克思主义的哲学方法研究社会科学问题，认为哲学社会科学是最重要也是最基础的哲学，这为我们扎根中国大地研究人口学问题提供了重要遵循原则，也为教授和研究人口学提供了方法论指导。邬先生曾说："近年来，党和政府把重视哲学社会科学提高到战略高度来认识，我十分欣慰。今年学校迎新会上，我代表老教师讲话，我告诉学生千万不可轻视社会科学。哲学社会科学博大精深，入门容易但登堂入室难，在这个领域有所创新更难。哲学社会科学最重要，也是最基础、最前沿的哲学。人生哲学是一个人安身立命的根，也是做人、做学问的根本所在。虽然我不是学哲学的，但始终认为哲学是社会科学中最重要的。看问题缺少哲学的思考，这个思考一定是就事论事，是低层次的。看问题如果站在哲学思考的角度，就能站得高、看得远，就能把握住方向，更高一步。如果掌握了马克思主义的哲学方法，那才是真聪明、大聪明！"同时，先生坚持一分为二看问题，懂得认识事物的两面性，为科研工作提供了创新视角。先生曾说："我学过辩证法，懂得事物可以转化，一分为二看问题就可以把坏事变好事，消极变积极，负数变正数，不利变有利，始终保持好心情。凡事不能只想个人，要多想想国家、社会的发展，这样就会心胸开阔。你看，我这个人很少有心病。"

《邬沧萍传》新书发布会，
邬沧萍教授、姚远教授和我合影

人口学和老年学讲究从多层面、多角度审视和分析问题。先生说："任何学科都不是孤立发展的，原来并不分什么学科，后来慢慢分为自然科学、社会科学，再往后越分越细；但是太细就解决不了问题了，还得综合起来……我常常在几门学科之间寻找它们的结合点，比如医学与社会学结合、社会学与心理学结合。研究老年学，我能从心理学、社会学、伦理学、哲学等学科中找到它们之间的结合点。这不是拼盘式的研究，而是从多层面、多角度审视和分析问题的需要。当然，还需要学习许多新的知识。随着研究的深入，我学习和吸收了不少新学科知识。"先生关于人口学和老年学的交叉学科研究论断，是中国特色自主人口学科知识体系的重要组成部分。先生主张在研究中要采用交叉学科视角和定量与定性相结合的多元研究范式，这些科研工作世界观为解决当下复杂人口转变背景下的人口和老龄研究议题提供了独特价值。

在科研工作方法论上，先生主张"绝知此事要躬行"的实践和行动研究。年过 70，先生仍在农村调研的路上。我曾在邬先生回忆录中写道："1996 年，邬先生和杜鹏带领我们去山东和河南调查农村养老问题。邬先生参加了整个调查，除了听同学们的入户调查，还亲自带领杜鹏和我，不要任何当地陪同人员，每天到村里几户人家中访问，通过和老人们聊天，了解老人们的生活和感受，亲自收集一手资料。邬先生说，只有这样，他心里才有底。"到了北大工作后，我以"从研究到行动"为教学和科研工作的基本原则，带领学生从 2015 年开始在北大附属燕园街道进行社区实习，从带领学生进行社区矛盾调解到推动运动促进健康，探寻社区治理的关键妙招，从老旧小区加装电梯到社区无障碍微环境改造，寻找老年友好社区建设的出路，这些工作不仅获得了社区居民的赞誉，也指导学生产生了许多来自实践和基层声音的选题。邬先生"躬行求索"的科研工作方法论深刻影响着我的教学和科研工作。

三、精神偶像：传承后辈，学以成人

先生之风，山高水长。先生始终怀有崇高的爱国主义精神和学术使命感。"老牛自知夕阳晚，不用扬鞭自奋蹄。报效祖国，回报社会，这就是我坚持的目标和动力。”邬先生对社会、对国家的深厚情感，体现在他对学术的执着追求和对社会发展的深切关怀中。先生曾说：“50 年前，有人问我，回国会后悔吗?我说，我是中国人，留学回国天经地义。50 年后，又有人问起，我回答四个字‘无怨无悔’。我在祖国实现的人生价值，在美国是永远无法实现的。我接受了这个社会，社会也接受了我。这个社会是向上的，是有利于大多数人的……国家给了我很多荣誉，给予我的工作很高的评价。连续几届做全国政协常委，使我有机会对国家大事发表意见，建言献策。大家的信任总让我有‘风雨同舟，荣辱与共’的感觉，总想为这个社会多做点什么。”

先生退休后坚持继续工作，身体力行做终身学习和老有所为的先进典范。邬先生坚持锻炼，坚持读书，90 岁高龄每天还要读书学习 6 小时以上，眼睛花了，拿着放大镜看；打字费劲，就培养保姆代劳。退休后邬先生出版了 7 部著作，创作了包括《老年价值论》在内的多部老年学必读书目，邬先生以自身为例，展示了终身学习的精神。他不断充实自我，勇于涉足新学科，学习并吸收新知识，这种学习能力是先生不断创新的源泉。先生坚持健康老龄化理念，提出“存在决定健康长寿”“仁者寿、智者寿、乐者寿、勤者寿”等理念，自编健身操，倡导健康生活方式，身体力行，将“积极老龄观、健康老龄化”理念融入日常生活，鞠躬尽瘁为人口学和老年学学科建设出谋划策，其学识和精神在后辈中传承。

四、结语：用生命影响生命

邬先生的一生，诠释了什么是学以致用、学以成人。他不仅用学术研究服务国家，更用自己的生命影响和激励着一代又一代的学者和学生。邬先生的精神和风范，将永远激励我们在学术道路上不断前行。最后，谨以三首小诗来表达我对邬先生的深切缅怀和无穷敬仰。

百岁寿辰

题记：邬先生百岁生日庆祝活动，2021 年 9 月 24 日

十全老人皆不及，

千秋多少到期颐？

百岁华发少年梦，

万世桃李下成蹊！

感念恩师

题记：邬沧萍先生学术思想研讨会，2023 年 9 月 24 日

重读先生文，见字如见人。

句句用心力，篇篇著国情。

实证出真品，精研献美芹。

一意写民生，全神付躬行。

但听国召唤，慷慨惟功成。

因材灌醍醐，谆谆侧耳听。

驾鹤德性驻，桃李春风吟。

中秋望圆月，挥手泪沾襟。

先生永生

题记：邬沧萍先生学术思想研讨会，2024 年 6 月 13 日

西学东归志报国，

重造苦劳无怨说。

百年人生香积云，

万世希音海天阔。

学习传承邬沧萍教授关于老龄问题学术思想的思维和情怀

李志宏

蓦然回首，邬沧萍教授已经离开我们一年多时间，先生和蔼可亲的音容笑貌时时浮现眼前，仿佛在昨日！最好的怀念是成长，最深情的铭记是向前！作为一名老龄工作者，怀念先生的学术大家品格，铭记先生的谆谆教导，唯有学习借鉴和传承先生关于老龄问题学术研究思想蕴含的思维和情怀，在老龄问题研究的蓝海中遨游成长，在老龄工作实践的广阔天地中奋勇向前。

一、思想的时代预见性

思想指引方向，远见照亮未来。邬沧萍教授指出，思考问题要从开阔长远的视角出发。因此，他提出的很多观点和建议都能够洞察时代之变，引领时代之先，经得起历史检验。

40 年前，国内学术思想界对老龄问题的认识还处于混沌初开的状态，邬先生于 1984 年在《人民日报》上发表的《老龄问题和我们的对策》，就已提出“从现在开始就要重视老龄问题”，清晰地阐明控制人口与老龄化关系，认为提高劳动生产率是解决我国老龄问题的关键，建议老年人继续参加工作。40 年后，我们回头来看，这些对策建议依然具有重要的现实价值。

30 年前，邬先生于 1994 年在《中国老年学》杂志上刊载的《老龄工作应纳入政府的职能》一文，旗帜鲜明地指出“人口已经老龄化的国家，为了社会安定和世代交替的顺利进行，把老龄工作作为政府的一种职能势在必行。这是人类社会发展的客观要求。我国现在已经清楚地出现了这种趋势，而且这一要求在我国更为迫切”“当前我国人口正在迅速老龄化，如果现在不及早把老龄工作纳入政府的议事日程，则有可能重蹈我国五六十年代不抓计划生育工作的失误”。

2005 年，邬先生发表《制定应对人口老龄化的措施刻不容缓》一文，明确指出“老龄问题同人口问题一样，都有一个量的积累过程，类似一个人患慢性病那样，未到积重难返或急性发作时，可以置之不理，一旦量的积累不堪重负时，解决起来就非常棘手，事倍功半，甚至在恶性发作时，要浮出沉重代价。因此，有预见的领导人、学者必须居安思危，防微杜渐，不失时机地做好应对准备”。

在 21 世纪初，在大部分人还只看到老龄问题的养老方面时，邬先生就感到不能把老龄问题局限在只把老年人“养”起来的狭隘思维上，而要从提高老年人生活质量这个更高的视野来看待，要着眼促进他们的身心健康水平和社会健康功能的健全，丰富老年人的精神文化生活和强调老年人社会参与，赋予老年人享有国内外公认的人权准则和平等享有各种机会的权利。比如，邬先生于 2002 年在《求是》杂志发表的《老龄社会的一项重大战略抉择》就指出，“随着社会经济的发展和老年人物质支持的日益完善，老年人的精神文化生活问题将逐渐成为老龄问题和老龄社会中的主要矛盾”，并认为“要提高老年人的精神文化生活质量，健康的内涵就不应仅包括生理健康，还应包括精神健康、心理健康、思想健康、情感健康，以及较强的社会适应能力”。

从以上回顾可以看出，邬沧萍教授在老龄问题“风起于青萍之末，浪成于微澜之间”时，就深刻指出了今后老龄问题的矛盾症结和主要应对之策。先生思想的时代预见性，源自于先生对老龄问题发生发展规律和时代发展规律的深刻洞察、科学把握、准确预判。

二、思想中贯穿的统筹思维

统筹思维是一种全局性、战略性、系统性的思维方式。邬沧萍教授关于老龄问题学术思想中贯穿的统筹思维体现在以下几个方面。

一是最先提出“未富先老”的观点。邬先生在1986年出版的《漫谈人口老龄化》一书中首次提出了“未富先老”的观点，时至今日，这一观点已经成为对中国老龄问题的“公理性认识”。事实上，这一认识本身就是从经济发展水平和人口老龄化的相互联系和作用角度作出的概括。先生还认为要站在发展的立场应对老龄问题，要优先解决“未富”的问题，再兼顾做好应对“先老”的各项准备，否则“未富”没有解决，应对“先老”的准备就成了无源之水、无本之木。这些认识都富含战略性和全局性。

二是以交叉融合视角推进老年学研究。有人认为老年学是从老年医学开始，是一门自然科学；有人认为老年学只能是一门社会科学。对此邬先生在《论老年学的形成、研究对象和学科性质》一文中认为，老年学研究对象和问题具有广泛性，是一门综合科学，是自然科学与社会科学的相互渗透和交叉。老年学既要研究个体老龄化，也要研究群体老龄化，两者不可分割。老年学要研究人类老化的现象和过程，以及人类老化与生态环境、社会生活环境之间相互关系的本质联系。

三是旗帜鲜明地反对就老龄谈老龄，就人口谈人口的狭隘思想。先生一直致力于老年学和人口学研究，但从不把老龄问题、人口问题单独剥离出来看待，重视强调要从社会发展甚至人类发展的高度看待老龄问题，认为如此才能看得清、看得远。为回答怎样看待老龄社会问题，先生组织撰写《老龄社会与和谐社会》一书，为当代中国提出了积极应对人口老龄化的发展目标和美好愿景，也为学术理论界树立了从社会形态角度分析老龄问题的典范。

四是注重权衡利害得失。1982年开展第三次人口普查后，邬沧萍教授就发现，我国人口老龄化问题已经浮出水面，严格控制人口增长必然加速人口老龄化，但是先生深知在大力开展计划生育的同时，过分强调老龄问题不合时宜。在此背景下，邬先生只是在理论上科学阐明控制人口与老龄化的相互关系，提出要权衡利弊得失，优先控制人口增长，同时也要重视老龄问题的研究，重点放在做好应对人口老龄化的各项准备工作上。针对当时“计划生育只是着眼于当前人口控制，忽视未来人口老龄化及其可能产生的后果”这一问题，邬先生于1987年在《中国人口科学》杂志撰写《调整人口年龄结构是计划生育的社会职能——兼论计划生育与人口年龄结构老化》一文，指出：“在我国目前情况下，明智的做法是把计划生育与养老事业有机地结合起来，使二者相互促进。搞好计划生育有利于发展生产，提高劳动生产率，建立强大的物质基础，同时也能节约出更多的人力、物力用于老年事业和对付人口老化的来临。另一方面，解决好老有所养，又会促进计划生育的开展。这样，既控制了人口数量，又有利于提高年青一代的素质和调整好人口的年龄结构。二者相互促进，形成一种良性运行，促进我国社会经济的发展。”

三、思想中强烈的济世情怀

邬沧萍教授胸襟博大，拥有历代文人先贤的家国意识、济世情怀。先生认为看问题不要只站在自己的立场，而是要站在国家、社会立场，更要站在人类进步的立场。就老龄问题而言，先生认为老龄问题仅仅停留在研究层面是远远不够的，学术研究的价值在于既能够反映实践中的问题，又要指导实践。他认为老年学是一门应用性很强的学科，其重要的社会功能在于为应对人口老龄化提供智力支持，而不仅仅是纯学术和理论研究。对此，先生陆续撰写并发表《老年学在我国是一门有现实需要的科学》《老年学要为创建一个有中国特色的健康的老龄社会而奋斗》等文章，认为老年学的“首要任务都是认识人类生老病死和人口老年化的客观规律，在认识客观规律的基础上，把科学研究成果用于实践造福于社会”，呼吁“老年学要能够为创建一个健康的老龄社会提供理论和研究方法服务”。

先生躬身入局，是中国老龄政策创制的谋划者、推动者。2002年，邬沧萍教授作为中国代表团的顾问参加了联合国在马德里召开的第二次老龄问题世界大会。先生在会后创造性地提出，“要把应对个体老龄化的积极老龄化理念升华为应对人口群体老龄化”，并且推动将积极应对人口老龄化这一命题纳入中共中央、国务院于2006年发布的《关于全面加强人口和计划生育工作统筹解决人口问题的决定》。先生曾任中国老龄协会专家组组长、国家应对人口老龄化战略研究专家委员会委员，多次参与重大老龄政策和研究报告的论证。为国家在新的历史时期发展老龄事业和产业建言献策，他编撰了60万字的《全面建成小康社会　积极应对人口老龄化》一书，亲自拟定了该书的指导思想、写作提纲和三篇二十六章的具体内容。该书全面阐述了对人口老龄化的科学认识和应对之策，其中许多建议已经转化为现实的国家政策。先生关于健康老龄化、积极应对人口老龄化、老年价值论等方面的一系列学术思想和政策指导，已经成为中国制定实施积极应对人口老龄化国家战略的重要组成部分。

邬沧萍教授不仅是我国老一代知识分子的典范、教书育人的楷模，还是心怀祖国、勇于创新、甘于奉献的“大先生”，更是中国老龄事业发展史上一座永远的丰碑。先生关于老龄问题学术思想蕴含的思维和情怀仰之弥高，远非短短数千字文章所能穷尽。谨以此文，缅怀大先生！愿这盛世如您如愿，愿您的思想之花开遍这片银发的沃土！

以人学推动对老龄社会的纵深研究

——继承、传扬和创新邬沧萍人学思想

党俊武

邬沧萍大先生逝世已过周年，心中的痛如同先生的音容笑貌依然真切。继承、传扬和创新先生的学术思想，学习先生做人、做事、做研究的情怀、站位和思维方式，这是我们后来者的历史责任。如何践履这一责任，需要首先明确三个不能：一是不能局限于先生的著作、论文和讲话，要善于捕捉背后的底层思想；二是不能仅关注先生的研究重点，要着力把握一脉相承的思想主线；三是不能拘泥于先生说出来和写出来的东西，要努力揣摩尚未说出来但已经隐含其间的东西。梳理先生一生的思想，主轴是人，总遗产是先生所说的人学。从统计学到人口学到老年学到社会老年学，再到老龄学（老龄科学），先生终生的所思所想始终没有离开人这个主轴，他不止一次地谈到，这一切都是人学的范畴。这一概括可谓立意高远，从把人作为研究的出发点，到把人作为研究的落脚点，直接把我们的研究思绪带入智慧的心脏，也打开了后来者的研究格局。实际上，透过先生的一生，创新是他最贵重的学术品格，也是吾辈应当奋力效法的学术追求。

不过，什么是人学？仔细考量，先生的学术遗产既给我们指明了研究方向，

20世纪80年代的邬沧萍

但也给我们出了一道大难题，如何纵深研究，真可谓比登天还难。回顾18、19世纪以来不断分化、日益细化，也越来越庞杂的学科发展史，各种问题的研究呈现出碎片化的发展态势，以致可以猛然惊醒地发现，从自然科学、社会科学和人文科学在近200年来日益西方化的发展过程中，人类学科体系已经呈现出碎片化、细分化、计量化遮蔽的无主轴化、去人化的态势，反倒作为人学这个主轴、主题和主线，甚至在现行学科体系中找不到自己的位置，说没有但似乎处处都有，说处处都有但似乎又没有鲜明的主轴化诉求。这是值得认真反省的。我们已经被现代性带入到了对人的迷失的境地，想到此，先生的学术遗产和研究格局不仅可贵，而且崇高，同时又能把我们的研究引向纵深的轨道。实际上，整个人类智慧体系、人类学科体系的主轴应当是人学，人学的主题就是人类化，也就是站位绝大多数人的生活高阶化。这是邬沧萍大先生给我们的最大启迪。

如果说人类化是人类发展的主轴、主题和主线，也是统领整个人类智慧体系和学科体系举一持万的核心，那么，人类化又应当怎么研究？这是又一个巨大难题。实际上，从某种意义上说，整个人类发展可以分为人的发展和物的发展两个层面。换言之，人类发展无非发展自身和发展物两件事情，以及在实践过程中把这两个方面结合起来。但是，迄今为止的人类发展把主要精力放在了物的发展上，人的发展始终成为次要的方面。如果观察西方现代化历史过程，其实质主要是物的发展的现代化，人的发展反而成为物的发展的工具和手段，这是西方现代化最大的问题，也是马克思批判异化人的资本主义制度以及建基于这一制度之上的发展方式的根本点。人的发展是目的，物的发展是基础和手段，这是被西方现代化颠倒了的人类发展真理。

迄今为止，无论东西方，我们最熟悉也最沉迷的是物的发展的序列，如对旧石器时代—新石器时代—青铜时代—铁器时代—蒸汽时代—电气化时代—信息化时代或者数字化时代—智能时代的发展序列如数家珍，而且以为人类发展主要是物的发展序列的更新，唯一不确定的是未来将迭代的新核心技术及其样态，确定的是物的发展序列的不断迭代。但是，对于人的发展序列，我们关注较少，我们也可以列出人的发展的序列，如原始人—农业人—工业人—未来人，也可以列出原始社会—奴隶社会—封建社会—资本主义社会—社会主义社会—共产主义社会等序列，但与物的发展序列相对应的人的发展序列究竟是什么，我们并不是十分清晰。更为重要的是，伴随人类学科体系的细分化趋势，人的分化研究已经到了无以复加的程度，人被分化为自然人、社会人、精神人、物质人、经济人、理性人、管理人、审美人、价值人以及病人、植物人等无限细分维度，但究竟人是什么？我们依然难以清晰回答，而且，不但没有人学这一学科，甚至认为没有必要设立人学这个学科。这说明，我们已经在西方现代化及其推动下的人类学科体系的影响下走到了失去自我的迷失状态。邬先生之所以提人学及其意义，其深意大焉，不仅要求我们反思社会科学，而且要从根逻辑上反思西方现代化及其相应整个人类学科体系的建构依据。简而言之，如果仅仅只是考虑物的发展，这样的发展是没有希望的，是远离人的工具化，也是异化的发展和发展的异化。

为什么会出现人口老龄化及其标志的老龄社会，目前的理论认为根本原因是现代化，是人的现代化，也是人口发展的现代化。现代化是因，人口老龄化和老龄社会是果，这种看法值得深思。从某种意义上说，用因果关系、多因素论等理论是难以得出令人信服的解答。这个问题今后需要重新审视、重新认识和重新研究，但有一点是确定无疑的，这就是人口老龄化及其标志的老龄社会，既是以往物的发展和人的发展的结果，更是人的发展的重大转变，未来人类如何应对人口老龄化及其标志的老龄社会，既需要物的发展的深化，但更需要重新摆正人的发展和物的发展的关系，避免物的发展主导人的发展，避免人的发展成为物的发展的工具，使物的发展服务人的发展的需要。唯有如此，才能构建理想的老龄社会，否则沉迷于物的发展的序列，不顾人的发展的诉求，我们将会深陷物欲横流的泥潭。

中国式现代化现在已经成为未来人类发展的最强音，不仅是对西方现代化的反省和超越，而且是人类发展的新方向。严格来说，中国式现代化不是物的发展主导人的发展的现代化，而是物的发展支撑人的发展的现代化。不过，究竟应当如何处理人的发展和物的发展的关系，需要解决的问题不仅堆积如山，而且是基础性、系统性和全局性的，需要一系列高于西方现代化版本的新理念、新制度、新发展方式，这是难题，更是希望。

邬沧萍先生早年曾经深入论证过马克思的“两种生产”理论，沿着先生人学思想的研究思绪可以看到，人类发展已经不仅仅是“两种生产”理论能涵盖的，我们可以用“两种发展”理论，即人的发展和物的发展理论来进行创新性替代，这不仅是人口学理论发展的新可能，而且是老龄科学发展的新可能，甚至也是人类发展哲学的新可能，也许还是未来人类思想的新增长域。

邬沧萍大先生人学思想不朽！

“令公桃李满天下，何用堂前更种花”

——怀念敬爱的邬沧萍先生

胡　湛

2023年6月13日21时21分，敬爱的邬沧萍先生永远地离开了我们。

邬先生一生育人无数、著作等身，取得过大量荣誉，而先生生前收获的最后一个奖项是首届复旦老龄研究终身成就奖，2022年12月18日在第二届“老龄中国”大会颁发。为了致敬前辈，缅怀学科创业不易，激励后人牢记新时代历史使命，复旦老龄研究终身成就奖得以创立，用以授予毕生投身老龄科研并作出重大贡献的学者，首届获奖人非邬先生莫属。先生当时正当百岁，不便亲临，但他特意录制了一段近6分钟的视频感言。先生回顾了中国人民大学和复旦大学携手推进人口学、老年学学科建设和学术研究的峥嵘岁月，指出未来中国老龄科学研究应更加关注广大的农村地区，并为世界人口老龄化的应对、构建人类命运共同体贡献中国智慧。

由于2022年12月时邬先生未到颁奖现场，所以2023年3月彭希哲老师和我、王雪辉一起赴中国人民大学颁送获奖证书、奖杯和奖金。中国人民大学团队准备了一个别开生面的颁奖典礼，邬先生当时由于感染新型冠状病毒已经住院，先生的儿子和女儿到现场领取了证书和奖杯，并深情回忆了邬先生作为一个好学者、好父亲的感人往事。后来邬天芳老师特意发来照片，是邬先生在病床上抚摸奖杯的样子，还说先生特别高兴。当天的典礼是杜鹏老师亲自主持，杜老师是邬先生最得意和最杰出的学生之一，我们又特地安排复旦的王雪辉老师去致颁奖辞，雪辉是杜鹏老师的学生，也是邬先生的徒孙，已在复旦任职数年。这样既象征了邬门三代学人的传承，也表达了人大和复旦团队间的情谊。彭老师、我和雪辉曾反复多次打磨了颁奖词，特录于下。

复旦老龄研究终身成就奖授予邬沧萍先生。邬沧萍先生是我国人口学、老年学重要的开拓者与奠基人之一。中华人民共和国成立以来，他深耕于人口学和老年学，治学为国、研学为精、育人无数，为解决世界性的老龄化难题贡献中国智慧。

多年来邬沧萍先生身体力行不断推动我国老年学学科发展，从 2004 年到 2021 年，邬先生坚持每年参加中国老年学学科建设研讨会，每次都亲临做主旨发言，分享最新的研究成果和思考。2003 年，邬沧萍先生倡议并成立我国第一个老年学研究机构——中国人民大学老年学研究所。在邬先生及其学生的共同努力下，中国人民大学培养了一大批人口学和老年学的专业人才。如今，他们遍及高校教学、科研及政府有关部门岗位，不少已成为我国人口学和老年学领域的领军人物和学术带头人。邬沧萍先生为中国老年学的国际学术交流也做出了巨大贡献，在邬先生的推动下，中国老年学领域的学者积极参与国际老年学的学术活动，并在国际老年学学术组织任职，这不仅拓展了中国学者的国际视野，更提高了中国老年学研究的国际学术影响力。

在近七十年的工作生涯中，邬沧萍先生坚持研究、潜心治学，累计出版研究著作逾两百万字。接近百岁高龄之际邬先生仍坚持学术研究，是积极老龄化和健康老龄化杰出的实践者之一。在人生迈入 90 岁的高龄后，邬先生每一到两年都有主编的新书问世，每年都有多篇新的文章发表。2016 年，94 岁高龄的邬老主编了 60 万字的著作《全面建成小康社会 积极应对人口老龄化》，在 97 岁高龄又完成了 35 万字的《老年价值论》。邬老最常引用的一句诗是："老牛自知夕阳晚，不用扬鞭自奋蹄。"邬老不断探索、笔耕不辍的精神值得我们每个人学习。

笔耕不辍 硕果累累

在这里，我们致敬邬沧萍先生：致敬他老而不衰的人格魅力，致敬他老有所为的躬身力行，致敬他敢为人先的学科贡献，致敬他将个人命运系于国家命运的伟大情怀！

然而不到3个月，邬先生翩然仙去，留给我们无尽的遗憾。

我从2010年开始深耕人口老龄化研究，邬沧萍先生的很多著述都是带我入门的养分，后来多次的耳提面命更是惠我良多。还记得最后一次在学术会议上听邬先生发言，是2021年5月杜鹏老师承担的国家社科基金重大项目开题，我作为子课题负责人之一参与。先生作为开题专家坐在我斜对面，声音中气十足，观点振聋发聩，至今宛如在目。邬先生滋养过整个老龄研究界，他是在理论上对“健康老龄化”和“积极老龄化”最早作出本土诠释的学者，例如1994年他发表在《中国社会科学》上的文章《健康老龄化战略刍议》，我就反复精读过几十遍，现在列于我的研究生必读论文列表之中。先生在90年代最早提出了中国的“未富先老”，引领和形塑了当时的老年学研究，他还很早就开始旗帜鲜明地反抗老年歧视论和老龄负担论，否定“风烛残年”等刻板印象，提出并持续论证“老年价值论”，更在近百岁高龄时出版了专著《老年价值论》。这些研究和观点影响巨大，构成了今天国家所倡导的“积极老龄观”之基础。先生是老年学研究当之无愧的“开路者”和“大宗师”。

邬先生一直十分关心支持复旦大学人口和老年学科发展，包括复旦大学老年学博士点的建立和复旦大学老龄研究院的建设。不仅如此，对于很多兄弟院校和团队的发展建设，先生都给予过关心帮助。可以毫不夸张地说，先生不仅为人大培养出一批参天大树，更为中国人口和老年学发展栽出了巍巍森林。

我特别想引用白居易的一首诗送给邬先生——《奉和令公绿野堂种花》，这是白居易向裴度先生的致敬之作，我借此表达对邬先生的崇高敬意和永远怀念：

绿野堂开占物华，路人指道令公家。

令公桃李满天下，何用堂前更种花。

邬沧萍先生永垂不朽！

深切怀念“中国老年学之父”邬沧萍先生

杨共乐

2024年6月13日是改革开放新时期中国人口学的奠基人、“中国老年学之父”邬沧萍先生逝世一周年纪念日。我们怀着沉痛的心情来缅怀我们敬爱的老师——令人敬仰的邬沧萍先生。

一

我认识邬沧萍先生是1984年，至今已经40年了。当年，我非常荣幸地成为邬先生的爱人李雅书先生的学生。此后，我常来中国人民大学，接受先生们的指导，聆听先生们的教诲。对我而言，李先生和邬先生都是我成长路上的恩师和大恩人，从他们的身上，我不但学到了知识、学到了如何将知识转化为服务社会的能力，而且学到了做人的道理。先生们的“道德”和“文章”一直是我前进路上的动力。

邬先生和李先生是我国爱国知识分子的杰出代表。他们从20世纪50年代中华人民共和国成立之初就毅然放弃了国外的优厚生活，从美国归来，参与新中国的建设。他们为我国的教育和科研事业奋斗了一辈子，奉献了一辈子。他

邬沧萍与夫人李雅书

们对祖国的忠诚，对祖国的热爱，永远值得我们后辈学习。

邬先生和李先生都受过良好的教育，学术功底深厚，是中国典型的知识分子。他们心中有家国情怀，也有自己酷爱的学术家园。他们的独到之处在于：他们既有中国传统学术之功力，又有广泛吸纳并内化世界性学术成果之能力。邬先生的英文与俄文水平之高、李先生的英文与拉丁文水准之精都是业界所十分羡慕的。他们在语言运用上的巧妙和优雅，确实让人有“高山仰止，景行行止”之感。他们惜时如金，生命不息，学术不止。我每次到先生家，只要先生在家，看到的基本上都是他们在看书或伏案写作。他们的刻苦、勤奋与超常付出一直深留在我的脑海里。当我稍有成就而出现思想懈怠时，我就会想起他们。凡是到过邬先生和李先生家的人，都会注意到邬先生书写的提醒牌：“未经预约，谈话时间勿超过十分钟。”在先生们眼里，时间永远是最宝贵的。与时间赛跑就是他们最真实的写照。

邬先生和李先生是我们的“业师”，但更是为人称颂的“人师”。每一位在他们身边学习和工作过的人都会从他们身上学到敬业、勤奋与坦诚。从 1985 年 9 月开始到 1998 年左右的十余年间，我有幸每月都能到北京图书馆（后改名为国家图书馆）去借书，去看外文的新书，原因是邬先生亲自帮我办了一张北京图书馆的借书证。实事求是地讲，我的成长和大家一样，都倾注着先生的巨大心血。如果说传统的师者是传道、授业、解惑的话，那么邬先生和李先生的境界已经远远超越了传统意义上的老师。他们对国家的爱，对学生无微不至的关怀已经远远地超越了人类之大爱。他们是真正的“大先生”，是永远值得我们敬重的“大先生”。

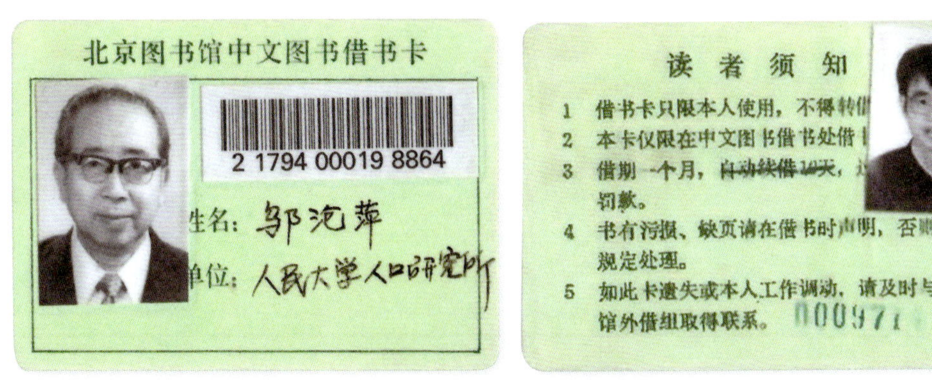

北京图书馆中文图书借书卡

二

我跟李先生学的是历史。李先生时常告诉我：我们搞的历史学与邬先生搞的人口学、老年学有不一样的地方。历史学研究的是过去，要读 3000 年的书。人口学和老年学研究的是当下，是应用型的社会科学，直接服务于国家，给国家有关部门的决策提供科学依据。邬先生他们的研究成果对国家相关政策的制定影响较大。李先生对两个学科之间不同点的点评非常深刻，也很有道理。

2024 年 5 月，收到杜鹏教授的邀请函，邀请我参加 2024 年邬沧萍先生学术思想研讨会。于是，我从历史学的角度对邬先生的作品作了梳理，从而对邬先生的贡献有了更为深刻的认识，现写出来，或许对大家研究或总结邬先生的学术思想与成就有所帮助。

搞研究、创学科是邬先生在 20 世纪七八十年代的主要工作。邬先生不仅是新中国最早从事现代人口学的研究者之一，而且也是我国现代人口学学科的创始人。与传统的文史学科不同，中国的现代人口学真正起步于20世纪70年代，是一个新兴学科，具有研究底子薄、基础弱等特点。从20世纪70年代开始，邬先生就积极投身于中国现代人口学的学科建设，他不但参与了搭平台、建机构等工作，而且从零开始，编资料，写教材，收集并介绍外国学者的相关研究成果和统计信息；不但参与创办《人口研究》，主编《人口译丛》等刊物，而且还发表大量研究文章，出版相关专著，全过程参与了人口学本科生到硕士生，再到博士研究生的人才培养体系建设。在邬先生等学者的推动下，全国的人口学研究机构也由中国人民大学一家发展至北京大学、复旦大学、中国社会科学院等多家。经过40多年的努力，中国特色的现代人口学研究从小到大、从弱到强，已经取得了令世人瞩目的成就，而这些成就的背后都留有邬先生辛勤付出的影子。邬先生是走完中国人口学学科从立起来到强起来整个过程的学者。

邬先生不但是人口学学科的创立者，而且是老年学学科的开拓者，堪称“中国老年学之父”。我之所以称他为“中国老年学之父”，是因为邬先生是我国第一个意识到我国人口老龄化问题并对其进行研究的学者。早在1982年我国进行第三次人口普查之时，邬先生就已发现：“我国的人口老龄化已浮出水面。”两年以后，邬先生就把自己的研究成果写成文章，发表在《人民日报》上，文章的题目是《老龄问题和我们的对策》。文章由五部分组成，分别是“从现在起就应该重视老龄问题”“科学地认识老龄问题”“人口老化对社会发展提出的挑战”“控制人口增长与预防人口过分老化”和“提高劳动生产率是解决我国老龄问题的关键”。这是一篇有自觉意识和责任担当的学者用科学的方法来深刻分析和研究我国人口老龄化现象的标志性作品。文章观点鲜明，论点、论据和对策清晰，称得上政策论文方面的经典之作，非常值得大家研学、赏析。1987年，邬先生又在《中国人民大学学报》上发表了《论老年学的形成、研究对象和学科性质》一文，对建设中国特色老年学学科作了奠基性的学理分析。此后，邬先生更把自己的大量精力投入我国老年学的学科建设中，办学会、建机构、写文章、出著作、带团队、编教材、培养专业人才。到晚年，邬先生又在老年价值论研究方面有了新的突破，并在97岁高龄之际出版了《老年价值论》（与杜鹏教授合作主编），把如何看待老年人的价值这一影响政策和实践背后的深层次问题揭示出来，并进行系统研究。经过多年的努力，由邬先生开创的老年学已在中国大地开花结果，并在国际上享有崇高的地位。因此，将邬先生尊称为“中国老年学之父”名副其实！

从历史的角度看，邬先生的学术观点大多都带有前瞻性与战略性，具有立时代之潮头、发前人所未发之特点。例如，早在1979年3月邬先生就提出：“杜绝三胎，大力提倡一胎，虽然是我国目前能把人口增长速度较快地降下来的一个比较可行的方案，但绝不能持之过久，因为有半数家庭只有一个孩子，半数家庭也只有两个孩子，在21世纪初就会出现人口老化。因此，在20世纪末以前，就应该根据当时的实际情况，对人口前景作通盘考虑。”再如1986年，邬先生就提出了“未富先老”的观点，提前告知人们：中国人口老龄化将出现在人均国民收入不够发达的时候，与世界上已经人口老龄化的一

年近百岁的邬沧萍每天都坚持学习

些国家相比，“未富先老”将成为中国人口老龄化的一个重要特征。至 20 世纪 90 年代中叶，邬先生又提出：老龄问题不仅是一个社会问题，而且将成为一个政治问题。因此，他建议把老龄工作作为一项政府职能，要不失时机地做好应对人口老龄化的各项准备工作；要在完善医疗保险制度的同时，推行全民健身运动，促进健康老龄化；要建立一种使老年人能享受社会发展成果的机制，使老年人有一定的经济保障。进入耄耋之年（95 岁高龄）以后，邬先生又从历史的深度和哲学的高度来研究健康老龄化等前沿性的问题，提出了“存在决定健康长寿”的观点，认为代表人类起源的尼安德特人和中国的山顶洞人寿命只有十几岁，经过千万年的人类社会发展，现在发达地区的人均寿命已经达到 80 多岁。邬先生对“存在”有自己独特的理解。他把“存在”放在人类社会发展到现阶段所具备的生产力和人类认知客观世界的能力上，放在人类社会发展后人的体能和智能的不断提高上，放在人的世界观、人生观和价值观决定健康的生活方式和行为方式的选择上。我认为这是极具哲学意义的创新。当然，邬先生的创新之点还有很多，因篇幅所限，在这里就不一一赘述了。

邬先生是一位出类拔萃的学者，是一位先知先觉者。他的先知先觉立足于科学研究，立足于他在长期的研究和实践过程上养成的深远洞察力，经得住历史的考验。

三

邬先生是中国人民大学的荣誉一级教授。他在中国人民大学担任过人口研究所的副所长，参与建立了人口学系，并与联合国合作成立了中国人口学培训中心，培养中国的人口学人才。与此同时，他还负责推荐派遣年轻的人口学学者到国外学习、深造。2003 年，他又推动在中国人民大学成立了我国历史上第一个老年学研究所。邬先生在他的一生中有近 70 年的时间是在中国人民大学度过的，他很感谢人大。邬先生曾谦虚地说：“是人大培育了我，让我成为最早从事人口学和老年学研究队伍中的一员。”

邬先生是属于中国人民大学的，但不仅限于中国人民大学，他也是属于我们国家的。他担任过全国政协委员、全国政协常委，参与国家相关事务的决策。邬先生提出的控制人口增长的一系列学说既符合我国当时的国家利益，也符合每个家庭和个人的实际利益。政策实施后，取得了很好的效果。正是因为当年实行了计划生育，使中国 13 亿人口到来的时间推迟了 4 年，世界 60 亿人口日到来的时间也推迟了 4 年。固然这并非邬先生一人之功，但显然与邬先生在学术和工作上的推动有紧密的关系。记得在邬先生 90 岁诞辰那一天，中国人民大学为邬先生举行了生日庆贺会，彭珮云副委员长到会祝贺。当时，我问彭珮云副委员长：“您认识邬先生？”她说：“很熟。”原来她主管卫生工作的时候，面临很多难题，许多都是在邬先生等专家学者的帮助下一一解决的。今天看到邬先生身体很好，她很高兴。彭珮云副委员长的谈话和出席庆贺邬先生 90 华诞的活动本身，皆表明邬先生在我国人口政策的制定方面发挥了重要作用。

当然，邬先生也是属于人类的。因为中国现在的人口基数很大，约占世界总人口的五分之一，中国的老年人口也在世界上占有重要地位。把中国的人口问题和老年问题研究清楚，并不时为决策者提供解决问题的科学依据，这本身就是对人类的贡献。

时代造就了邬先生，时代呼唤更多的邬先生。邬先生的思想将不朽！邬先生等所开创的事业将永续！

现在，邬先生和李先生都已经离开了我们，但他们的精神永存，学生对他们的思念永存。他们永远活在我们的心中！

为李雅书先生过八十岁生日

缅念吾师

陈　卫

夏阳灿焕，华光熠闪于叶间。忆吾师，抒感慨，念吾师之德，仰吾师之学，怀师恩之深厚。

吾师者，仪表堂堂，才华卓绝。每念吾师，如春风拂面，如明月照还。临讲坛之时，如山川奔流，磅礴而不可阻挡；于彩笔之端，如星汉清辉，璀璨而不测深邃。

昔日初见吾师，虽已年近六旬，其风采翩然，声如钟磬。为吾师长，如遇良友，如逢故人。其言辞渊博，意之殷殷，听之耿耿，含义绵长，启我心扉。其胸襟凌云，思之邈邈，行之落落，琅琊清风，振我精神。行已远，不忘初心；学已精，犹怀谦逊。

吾师之教，如明灯照亮我前途，如江河滋养我心田。其悉心教导，如春日暖阳，抚我成长之路；其严格要求，如寒冬冰霜，磨我进取之志。吾师之学，开辟荒原，求索不懈，广收厚积，一代宗师。纵年届九旬，笔耕不辍，创新不穷；过人生百岁，包容万象，江山共赏。

吾师之范，高风亮节，淡泊从容，如梅之高洁，如兰之幽雅，如竹之刚毅，如菊之飘逸。吾师之德，纯净坚定，宽容仁爱，如春之温暖，如秋之澄明，如冬之坚韧，如夏之热情。

吾师之恩，如大山之巍巍，如阔海之滔滔。其教诲之深远，其慈爱之至诚，永铭吾心。承载师恩，弘扬师德，薪火相传，继往开来。

百年人生可成典，一代师尊是为范

——谨以此文纪念我们心中的邬老师

孟向京

一、学生时代传道授业的邬老师

1981年9月，17岁的我只身从山东烟台出发，坐了21个小时的长途火车到达首都北京，开始了我在中国人民大学人口所的学习生涯。同时入校的还有另外30位来自全国各地的同学。我们是中国第一届人口学专业的本科生。人口所当时是全校最新大概也是最小的教学单位，我们的老师有刘铮、邬沧萍、查瑞传、林富德、张凡、沈秋骅、周清、侯文若等。在82级师弟师妹们到来之前，我们班被老师们称为人口所的独生子女，对我们呵护备至。虽然大学第一年主要是上一些公共课，但逢年过节和学期始末等一些活动里，老师们基本是倾所出动，和我们一起联欢或谆谆教导，很快大家都互相熟悉起来。私下里，调皮的同学给老师们分派了“老邬”“老查”“老林”等绰号，叫起来非常亲切自如。

大三起老师们开始给我们上专业课。林老师讲的是人口统计学，查老师讲数理人口学，张凡老师讲人口理论，沈秋骅老师讲人口经济学，周清老师讲婚姻与家庭，侯文若老师讲世界人口，张敏如老师讲中国人口思想史，另外还有人口地理学、人口生物学等是外系老师来讲的。本科四年邬老师没有给我们上专业课，但他的一些教诲却在我们这些学生中广为流传，以至于现在同学聚会，被提及最多的都是邬老师的经典语录。那时候老师们还习惯穿中山装，邬老师穿的最多的是一件笔挺的灰色中山装，那时他的头发已经灰白，非常整齐地梳到脑后。大概声若洪钟这个词用在邬老师身上是最恰当不过的，尤其是他带着浓重广东口音的普通话，说起来掷地有声，绕梁三匝。邬老师当时最经典的语录一个是“要给你们猎枪，不要给你们干粮”——授人以渔的意思；还有一个就是“我们是你们的梯（几）子”，让我们明白了老师的拳拳之心。

本科阶段学年论文我选的题目是人口预测方向的，指导老师是林老师。1985 年做毕业论文时，适逢三普数据出来不久，大家都选了普查数据分析一类的题目。老师们给了一些方向，当时并不知道指导老师是谁，我选的是性别比研究的方向。后来知道这是邬老师出的题目，当时选这个方向的还有刘爽和苏国。

1985年6月，本科毕业与老师们合影（前排左起：李华、王子云、周清、郭如贵、林富德、查瑞传、刘铮、邬沧萍、卓静荃、赵永奎、沈秋骅、张凡、周希璋）

1988年6月，作者研究生论文答辩后与答辩委员会老师合影
（从左到右：周清、林富德、邬沧萍、孟向京、李荣时）

我记得很清楚，有一天邬老师在红一楼前的小树林里召见了我们三个，给我们讲了有关性别比国内国际的研究现状和他的一些思路和想法，让我们三个从不同侧面来做性别比分析。后来邬老师又在他家召见了我们一次，询问论文进度等。再后来邬老师有公务出国了，我们分别被转给其他老师指导。我被转给了查老师，所以最后论文提交给了查老师，由他帮助修改至定稿完成。那时邬老师住在林园四楼，查老师住在林园一楼。老师们还没有自己的办公室，所以有事请教老师或者交论文什么的都是直接去老师家里。

1985年本科毕业后，我们有十个本班同学继续留校读研。我的导师是查老师，邬老师带了另外两名女生。我在研究生阶段跟老师们接触更多一些，也对老师们的教学科研和个性等有了更多的了解。我的导师查老师喜欢“放养”，平时很少找我。邬老师非常与时俱进，经常带研究生出去开会、写文章等。邬老师那时候每天早起跑步锻炼，有时锻炼完就会顺路到宿舍找弟子们布置任务或交代事情。研究生阶段，邬老师给我们上的专业课是专业英语。他布置大家读联合国出版的“Determinants and Consequences of Population Trends”，然后课上组织大家一起讨论一些专题，如中国人口转变、人口政策等。这门课是和高一届的研究生（乔晓春、王谦那个班）一起上的。最后的考试就是出那本书上的一些概念和论点，所以那个学期就真是扎实地把那本厚厚的书给读下来了。事后实践证明，我从这门课受益很大。研究生毕业时，邬老师是我的答辩委员会主席，答辩委员是林富德老师、周清老师和李荣时老师。

二、回校工作后指点迷津的邬老师

1988年研究生毕业后，我去了中科院地理所工作了6年。1994年又重新回到人大开启了当老师的生涯。当时人口学系分了三个教研室——人口统计、人口理论和世界人口。世界人口教研室其实是把老年学、人口生物学以及人口经济学、人口与环境等各学科组合在一起。因为我偏重于人口地理学研究，所以被分到了这个教研室，邬老师这时候已经转向到老年学研究，也在这个教研室。从此有了更多跟邬老师一同工作的机会。自己工作上有疑问或困惑时，依然会找老师们请教。1990年后，商品经济大潮兴起，加上联合国人口基金资助力度的减弱，人口学繁荣发展的势头受到一定遏制。很多人质疑人口学是否已经是夕阳科学。在这样的低迷时期，邬老师始终相信人口学在中国大有可为，是方兴未艾的朝阳科学。这是一代人口学领军学者的自信和担当。

回学校工作后我住在青年教师的集体宿舍筒子楼红三楼，邬老师住在家属区的林园四楼，相隔很近。在系里和校园里都可以经常见到邬老师。邬老师那时候还是手写书稿，有时我会帮助邬老师把手稿敲到电脑里。邬老师的手稿非常繁复，书写体是草体，还有很多涂改，刚开始认起来比较费劲，后来慢慢熟悉了邬老师字体就好多了。1999年我准备报考在职博士，当时老先生中只有邬老师还可以带博士，所以就愉快地报了邬老师的博士。当年由于我和刘爽都报的邬老师，录取结果出来后，有的导师没有人报，系里做了调整，刘爽由邬老师带，我被调整给了另外一位导师，也因此与邬门擦肩而过。后来有次跟邬老师聊起来，他说如果我跟他读的话，他会让我做人口容量研究。前些年学校档案馆清理卷宗，把很多档案里录取通知书等文件发给个人了，而我发下来的博士录取通知书上赫然写着：导师邬沧萍。那时我博士毕业已经很久了，心中还是起了一些波澜。

21 世纪初，邬老师领衔担纲《人口学科体系》一书的撰写，当时系里的老师几乎都承担了写作任务。我承担的是“人口分布”一章。我记得写完交稿后，有一天邬老师把初稿返给我，上面有他用红笔认真审阅后的意见，并当面和我谈了修改意见和可以进一步充实完善的地方。邬老师提出的建议非常中肯，让我对邬老师更加敬佩。《人口学科体系》一书经过细致打磨和邬老师的严格把关，成为全所通力打造的高质量学术论著之一。

1997 年国家教育部新批准设立了人口资源环境经济学专业，我们是第一批七个承办这个专业的单位之一。系里根据学科新的形势变化，也对教研室进行了调整，原来的人口理论和人口统计教研室合并为人口教研室，新增了老年学教研室，原来的世界人口教研室变成了人口资源环境经济学教研室。开始招收人口资源环境经济学的研究生和博士生。教研室开始了新学科的建设工作，包括课程和教材等方面。经教研室讨论，决定开设“人口资源环境发展史”这门课并编写一本教材。邬老师那时已经在老年学教研室，但他对人资环的专业建设也特别关心，因为邬老师 20 世纪 80 年代也曾对人口与资源环境问题非常感兴趣。这本教材也是几位老师合作来写，邬老师做主编，并亲自写了绪论一章。侯东民老师退休后，我接任了这门课的教学，每次给刚入学的研一学生上这门课的时候，都会重温一下邬老师写的绪论部分，像一次又一次聆听老师的教诲。每次绪论课上，也会给学生们讲述学科建立的历史渊源以及老先生们的各种故事。

三、邬老师和他们这辈老先生代表的时代

从 1981 年来到人人，先学习后工作在人口所，随时随地有老师们的关心和指点，他们对于我们来说如阳光春风，既是可敬师长也亲如父辈。一晃四十多年过去，我们跟先生们一起见证了人口学的兴衰荣辱，也目送先生们一个一个离去。刘铮老师 1993 年离世，查瑞传老师 2001 年去世，林富德老师 2017 年去世，周清老师 2021 年年底去世，邬老师 2023 年 6 月于 101 岁高龄离世。我给定居在加拿大的同学徐莉发消息告知她邬老师离开的消息时，她的回复是：“一

个时代结束了。”这大概是我们很多同学的共同感慨。现在我们这一代人也先后到了退休年龄，或者说到了我们认识老一辈人口学家时他们那时的年龄。那么老一辈人口学家代表的时代是怎样的时代呢？或者说他们留给了我们什么样的学术和精神遗产？

刘老师、查老师、邬老师、林老师各自性格不同，但作为中国人口学（以及老年学）的奠基者和领路人，他们也有那个时代学者的一些共性，是至今依然被吾辈深深敬仰并很难超越的。

首先是他们拓荒进取，并始终秉持一丝不苟的严谨的科学精神。当年老师们从零开始，为中国人口学破冰开路。他们创办的《人口研究》《人口译丛》杂志，撰写的《人口学词典》《人口理论》《人口统计学》《世界人口》等书籍，以及翻译的《人口通论》等译著，依然是人口学长盛不衰的经典。后来邬老师在近 70 岁高龄时，又开启老年学研究，年近 100 岁还担纲编写了《老年价值论》一书。

其次是他们高瞻远瞩，引领学术发展并服务于社会实践的学者风范。老师们非常珍惜改革开放后开明的学术环境和中国人口学发展的大好时机，除了著书立说，还在各种场合参政议政、建言献策，用知识指导实践，让科学成为政策制定的基础。他们不会附炎趋势，始终保持学者的正直和清醒。

邬老师家中书架上他的一些著作（孟向京拍摄，2022年）

还有就是上一代学人的高尚品行和对晚辈们的呵护帮助，也对我们影响至深。几位老先生都修养极好，对学生们关怀备至。任何时候有事情去求教他们，都会热情相待，倾囊而授。我跟查老师、邬老师、林老师接触过程中，从未见过他们发脾气，从来都是笑容满面。邬老师 90 岁寿辰时，

2021年，邬老师百岁生日之际，同学们一起去他家中祝贺
（从左到右：石玲、舒畅、刘爽、宋严、邬沧萍、陈卫、陈慰、孟向京）

2022年10月27日，与邬老师最后的合影

我们很多同学从外地赶来祝贺他，有些是毕业三十多年未见的同学，邬老师立马就能叫出每个同学的名字，而且还记得他们的家乡在哪里。

最后一次见邬老师是2022年10月27日，还是新型冠状病毒感染疫情期间。我们知道邬老师生病刚出院不久，很想去看望他又怕打扰他。石玲跟邬老师联系后，邬老师说非常欢迎我们来。于是同学们约好一起看望邬老师，并说好大家都戴好口罩。邬老师明显消瘦了很多，但精神矍铄，谈笑风生。他讲了他的长寿秘诀：仁者寿，勤者寿，知者寿，乐者寿。这正是邬老师身体力行的一生写照。邬老师还反思了人口学的遗憾，即太注重定量研究，忽视了理论研究。他的书桌上依然摆满了书和各种资料。

一个时代结束了。但老师们的音容笑貌依然栩栩如生，他们的言传身教我们将永远铭记。

2024年6月27日完稿于北京郦城家中

我踏上了邬先生的学子之路

董之鹰

邬沧萍先生（1922—2023）是我国老年学界的大先生，具有优秀的人格魅力、品德魅力和学业魅力。作为百岁寿星，他桃李满天下，教育培养了一代又一代人，为教育强国做出了杰出贡献。邬老先生，堪称教育界、学术界的导师典范。1987 年，邬沧萍先生在《中国人民大学学报》上发表了《老年学的形成、研究对象和学科性质》一文，该文是我国第一篇全面系统的老年学文章，使其成为中国人口学、老年学学科的重要开拓者和奠基人。他在我国高校科研机构中创建了第一个老年学研究所——中国人民大学老年学研究所和中国高校第一个老年学博士、硕士学位点。作为最辛勤的园丁，最出色的导师，他倡导和推动成立了中国老年学学会，并曾担任中国老年学学会会长，引领学术界的探索与研究。在此期间，我有幸作为社科院从事老年学研究的学人，从此踏上了邬先生的学子之路。

一、学子研究起步，邬老教育先行

20 世纪 80 年代改革开放初期，作为发展中国家，我国人口老龄化问题初露

邬老和我共同参加研讨会时合影

端倪，邬先生敏锐地审时度势，他积极撰写人口学、老年学的研究文章，陆续发表在《人民日报》等报刊，受到党和国家的高度关注，引发学术界的共鸣。他的研究成果不断在《求是》《光明日报》《中国人口报》《中国老年报》《中国社会科学》《中国人民大学学报》《人口研究》《中国人口科学》等报纸和学术刊物上出现，开创了“老年学是一门科学”的理论先河。1994 年 7 月 29 日，他在《人民日报》发表文章，率先提出“健康老龄化”。他全力倡导和践行“健康老龄化”与“积极老龄化”，是我国最早的社会老年学启蒙教育老师。邬老撰写每一篇文章、每一部著作、每一次演讲，都先要告知学子们，使我们能够及时聆听、认真阅读、反复思考，成为大家最好的“老年学教科书”。

二、给学子送教材，为研究打基础

在老年学研究征途中，学子们的点滴进步，都凝聚着邬老教书育人的毕生心血。邬老重视老年学的基础理论研究，他主编的《社会老年学》，系统、全面论述了社会老年学的研究对象、学科性质和研究方法，从人类个体老化、群体老化、老年人的基本权利以及人口老龄化对社会政治、经济、文化的影响等方面阐释了老年学的基本理论，并提出了迎接人口老龄化挑战的基本对策。该书出版后，邬老马上将书送给了我，当我接过此书，看到邬老的亲笔嘱托，努力学习其研究要领和成果时，就意识到邬老的深沉教诲，学术研究一定要打好基础。

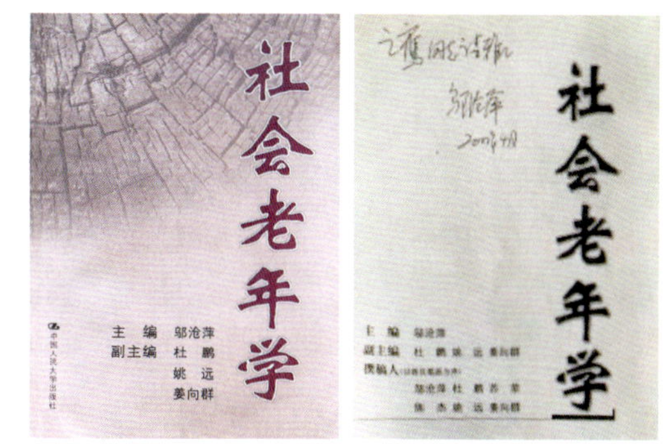

邬老送我的教科书

三、主持学子答辩会，开启学术生涯

由中国老教授协会组建的中华研修大学搭台，在这里，我结识了社会老年学界的前辈和诸多专家学者，使我进一步了解学科的历史、现在和未来发展趋势，为从事学术研究打下基础。特别令人终身难忘的是，1996 年 12 月 21 日，是我博士论文答辩的日子。那一天是冰天雪地，寒风刺骨，已是高龄的邬沧萍教授亲自到校主持了答辩会。答辩会充分体现了老一辈教育大家、学术大家对社会老年学这门新兴学科的关注，对教育事业的执着热爱，对中年学者的关心、支持和帮助。当到场专家一致通过了我的论文答辩，并提出了中肯的意见和建议时，我感受到，我的学术生涯之路从此开启了。

四、为学子撰写职称推荐信，深感大爱细节

什么是大爱精神，身为一名普通学人，从邬老体贴关爱学子的细节中，你会真切感受到大爱不分高低层级。当得知我处于职称评定需要专家推荐，且要求有一位院外专家推荐时，邬老已是高龄，他趴在客厅茶几上，神情非常专注，一笔一画地为我写推荐信时的情景，至今历历在目，感人至深。此后，我走过了各层级职称评审之路，通过了从助理研究员、副研究员到研究员的资格认定，在学术研究领域能够发挥更多的作用。作为学子所能报答的，就是继续走好邬老开创的老年学研究之路。

五、为学子题词鼓励，坚持做好学问

董之鹰同志

你的著作有助于消除人们对老龄化的消极观念，增强老年人自我服务、独立活动的自主性，促进我国社会实现积极的老龄化和健康老龄化。

邬沧萍

1998.4.13.

邬老为我撰写的专著题词

在邬老主持的论文答辩会后，经过吸收专家的意见和建议，我的第一部专著《老年资源开发与现代文明社会》诞生了。邬老为专著亲笔题词：“你的著作有助于消除人们对老龄化的消极观念，增强老年人自我服务，独立活动的自主性，促进我国社会实现积极的老龄化和健康老龄化。”他的题词对我这个学术新人是莫大的鼓舞和鞭策。1998 年，这本专著由经济管理出版社出版，并荣获首届中国老年学学会优秀成果奖。我曾遗憾地对邬老说，“我失去了到人大做您的研究生的机会。”邬老鼓励说，“你已是我的学生，要坚持做好学问。”此答复也成为我继续坚持老年学研究的动力。

六、牢记邬老健康长寿理念，把握好人生价值选择

邬老认为，“深度老龄化社会，也潜藏着巨大的长寿红利”。他身体力行，参加各种老年学专题研讨活动，发表主旨演讲。研讨会只要有邬老参加，气场热烈，吸引力十分强大。他的论述主题鲜明，声音宏亮，至今言犹在耳。他认为：“仁者寿、勤者寿、乐者寿、智者寿，是长寿四大法宝。老年人在老年期，培养独立性、自主性，在力所能及的范围内，提高自己的自理能力，减少对社会的依赖等也是一种正能量。”

2020 年，在新型冠状病毒感染疫情伊始阶段，98 岁的邬沧萍受中国老年学和老年医学学会邀请，作题为《存在决定健康长寿》的专题报告，产生了深刻而长远的社会影响。邬老阐述这一理念的背景时说，“存在决定健康长寿，这

个概念是我从存在决定意识的马克思主义基本原理引申出来的。现在我们讲健康长寿，从微观来看，主要取决于一个人的健康生活方式、健康行为方式，但你为什么采取这样的生活方式和行为方式，是由于你生活在这个世界里，你的存在决定了你的意识，决定了你对世界观、人生观、价值观的选择。”作为学子，这是未来一项重要的课题研究。

应浙江工商大学出版社之约，我目前正在撰写《中国老年教育发展的价值导向》一书，遵循邬老的百岁人生价值理念，为老年人的健康长寿教育鼓与呼。感恩邬老的教诲，传承邬老的遗愿，努力把学问做好。

此文为纪念邬沧萍先生逝世一周年而作。

2024 年 5 月 28 日于北京

追忆邬沧萍老师

段成荣

2023 年 6 月 13 日，邬沧萍先生永远地离开了我们。

邬沧萍先生是中国人口学、老年学学科的重要开拓者和奠基人，也是我至亲至爱的老师。我在邬老师教育、指导下学习、成长、工作已超过四十年。四十余年的回忆涌上心头，每一幕都映照着先生的智慧、勤奋、无私和坚韧。他高尚的品格、渊博的学识，以及对学生们的谆谆教诲和悉心关怀，令我充满感激与敬仰。他不仅是学术界的巨人，更是学生们心灵深处的明灯。怀着深切的思念，缅怀这位“大先生”，让他的精神永远指引我们前行。

一、“经师”与“人师”相统一的“大先生”

“教师要成为大先生，做学生为学、为事、为人的示范，促进学生成长为全面发展的人。”在我心中，邬老师正是这样一位标准、典型、完美的“大先生”，是“经师”与“人师”相统一的“大先生”。他的“大先生”精神像一座巍然屹立的丰碑，成为千百万人民教师的楷模，也是我永远学习的榜样。

从 1982 年 9 月起，我非常幸运地能够在长达四十余年的时间里，不断得到邬老师的教育和指导，这对我来说是一生的财富。邬老师不仅在学术上严格要求学生，更在品德修养上身体力行，言传身教。他的严谨治学态度和高尚师德深深感染着我们每一个人，不断教会我们为师之道和做人之本。我通过一些亲身经历的事件，分享我所认识、了解的邬老师，分享他如何在日常教学和生活中践行“四有”好老师的标准，成为我们心目中无可替代的“大先生”。

二、先生之“大”，在为学自信

1982年9月初，我怀揣着梦想和期待，进入了中国人民大学人口所进行学习，成为人口所招收的第二届本科生。正值秋风送爽的季节，校园里一片欣欣向荣的景象。是月底，人口所精心组织了一场迎新会，所有老师都悉数到场。

在这次迎新会上，我有幸聆听到了邬老师的发言，那段话至今仍铭刻在我的心中。他说：“欢迎你们来到人口所学习。我们这个所人数不多，只有十来个人，七八条枪。但是每一条枪都是好枪。”简单的话语中透出坚定不移的自信与不容置疑的自豪。

时至今日，理论自信和学术自信被广泛提倡，而邬老师当年那句“每条枪都是好枪”，正是这种精神的最佳写照。这句简洁而质朴的话不仅表达了邬老师对人口所师生的信任和肯定，更体现了他那一代优秀学者、教师们对自身学术能力和理论水平的高度自信。

邬老师用最质朴的话语传递出深刻的人生哲理和学术追求，这番话不仅在当时激励了我们这些新入学的学生，也为我们未来一生的追求和探索注入了永恒的信念和力量。使我们明白，无论在何种条件下，只有坚持理论自信和学术自信，才能够创造出非凡的成就。今天，当我回想起那段岁月时，邬老师的谆谆教诲依然在耳边回响。

三、先生之“大”，在为学自觉

梅花香自苦寒来。邬老师的学术自信并非凭空而生，而是源于他高度的学

邬老师在家中工作

术自觉和不懈的刻苦努力。在我们的课堂上，甚至在日常交往中，邬老师反复强调时间的宝贵。他说：在“文化大革命”这段特殊的历史时期流失了不少光阴。现在社会形势好了，我们终于有机会专心致志地进行学术研究，一定要争分夺秒，把过去被耽误的时光补回来。

邬老师对时间的珍视体现在一言一行之间。去过邬老师家里的老师和同学们可能都记得，在他家书房醒目的位置上张贴着一张纸条，上面写着：“未经预约，谈话请勿超过三分钟”。邬老师把挤出来的每一分每一秒都用在广泛阅读国内外书籍和文献、深入研讨中国人口问题和老龄问题上。正是这种坚持不懈的努力和对时间的高度重视，使得邬老师在中国人口和老年发展研究领域做出了大量开创性的贡献。他的研究成果不仅在学术界引起了广泛关注，也为国家政策的制定和实践发挥了重要指导作用。

邬老师既是“生老之学”的开拓者，也是积极老龄观的践行者。

花甲之年继续奔忙奋斗在教学一线，古稀之年率先提出“健康老龄化”，耄耋之年犹笔耕不辍著书立说，期颐之年仍声如洪钟为学生讲学。邬老师用自己的行动诠释了何为真正的学术自信，而这份自信又如何来自孜孜不倦、勤勉耕耘的学术自觉。

先生那份执着与勤奋，深深影响着我们这一代乃至后来的学术新人。正如

邬老师在家中工作

梅花在寒冬中绽放，他那通过艰辛努力而获得的学术成就，不仅是个人的荣耀，更是整个学术界的财富和骄傲。邬老师教会我们，唯有付出艰辛的努力和持之以恒的追求，才能在学术中取得丰硕的成果，才能将这些成果转化为推动人类发展和社会进步的不竭力量。

四、先生之“大”，在为师敬业

邬老师极为重视教育事业，尽管他需要参加的各类学术活动和社会活动特别繁多，日程异常紧凑，但他从来不缺席任何一堂课，并且每一堂课总是提前到达教室。他也经常说，要教给学生一瓢水，自身必须要有一桶水。

邬老师的学术积淀如滔滔江水，把人口学和老年学学科相关的知识源源不断地倾注到课堂中，倾注到学生求知若渴的心中。在邬老师的课堂上，他那高深的学术造诣令人折服。他对古今中外的文献了如指掌，仿佛每本书都是他手中的明珠，帮助学生们开启了学术研究的大门。无论是深奥的理论还是广博的案例、典故，他总能以平易近人的方式讲解，让每一个学生都能心领神会。每一堂课，学生们都能感受到邬老师那种无与伦比的教学激情和教学热情，他的讲课风格不仅生动有趣，而且充满了智慧和启发，让人听得津津有味。听邬老师讲课，绝对不会打瞌睡，越听越精神。

学生们对邬老师的敬仰也如滔滔江水，期盼和敬意绵绵不绝。邬老师的课堂不仅仅是知识的传递，更是思想的碰撞和思维的启迪，成为每个学子学业生涯中最为难忘的一部分。在邬老师的课堂上，我深切感受到人口学的魅力所在，并将开展人口学教学和研究作为自己终生的事业为之奋斗。

即使年近百岁，邬老师仍然坚持每年为中国人民大学人口学系的大学新生讲开学第一课。从 82 岁到 99 岁的 18 年间，每一年中国老年学学科建设研讨会都亲自到现场发言。老师对学科建设和人才培养倾注了毕生的心血。在邬老师的影响下，他的很多学生已成为我国相关领域的顶梁柱，也在不断传承和发扬着老师的“大先生”精神。

五、先生之“大”，在为事笃行

在日常生活中，邬老师以他随和的态度赢得了同事和学生们的喜爱。然而，当谈及人才培养时，他的要求却异常严格。他常常引用一句名言：“严师出高徒”，坚信只有通过严格的要求，才能培养出真正的一流人才。

在给我们讲授《比较人口学》课程时，邬老师给我们的教材有两本书，“Multilingual Dictionnary of Demography”(《多语种人口学词典》)和“Determinants Consquences of Population Trends”（《人口趋势的决定因素》）。他说，这些是当时全世界最新、最权威的人口学前沿著作。他一章一章、一节一节，甚至一页一页地带着我们阅读，引导我们深入理解人口学的复杂性和深远影响。通过这些深入细致的阅读，他为学生们树立了高远的学术目标。

邬老师的教学风格不仅是知识的传递，更是对学术严谨性和精确性的强调，这种严谨性反映在他对待教学内容的态度上，也体现在他对学生学术能力的期望和引导上。教学内外的每一件事，不论大小，慎思笃行。通过邬老师的课堂，我们不仅学到了人口学最前沿的专业知识，更深刻领悟到了学术追求的真谛。课程激发了我们对人口学的兴趣，更培养了我们批判性的思维和学术探索的精神。邬老师如此严谨的教学风格和无私的知识分享，让他成为我们心中的学术楷模和人生导师。

邬老师是一位学术导师，也是一位精神引领者。他用自己的行动诠释了何为真正的“大先生”——那是一种对家国的拳拳之心，是对知识的无尽追求，对学生的无私关爱，对教育事业的执着奉献。作为教育工作者，在纪念邬老师时，我们要时刻以他为榜样，传承他那“大先生”的精神风范。不忘初心，始终如一地热爱教育事业，争做一名有理想信念、有道德情操、有扎实学识、有仁爱之心的“四有”好老师。用我们的努力和智慧，承担起学科建设和人才培养的责任和使命，让邬老师的“大先生”精神生生不息。这是对教育事业最真挚的奉献，也是对邬老师最好的纪念。

深切缅怀我的老师，邬沧萍大先生！

师从邬老师学做老师

张岭泉

为缅怀邬沧萍老师，纪念先生逝世一周年，很多学者撰文回顾先生为人口学、老年学发展做出的卓越贡献。作为先生的弟子，我想从学术思想之外的角度谈谈先生对自己人生影响深远的一件事情。

我于 2004 年师从先生走上老年学的学习之路，当时我已经是一个有着 15 年教龄的高校副教授，指导了十几届的本科生。2006 年，为了评正教授职称，我把大量的时间花在了申请课题、发表论文方面，幸运的是 2007 年获评教授，并于 2008 年顺利毕业。于是毕业时不仅获得了博士学位，还拥有了正教授头衔。但是在论文写作过程中，有一件事让我终生难忘，改变了自己教学生涯中如何做一个优秀导师的认知。2007 年年底，拿到先生批阅后的毕业论文初稿后，看到先生在论文初稿中做的密密麻麻多达上万字的批注，惭愧之情难以言表。尽管在十几年的教学过程中，批阅论文无数，但是先生在我这一篇博士论文上倾注的心血超过了我花在所曾指导的所有论文上的精力之和。

一、先生如何评阅论文

我的论文约15万字，初稿是单面打印的，左边是白页，右边是正文，先生把正文中存在问题的句子和文字用笔一一勾画出来，有的在原处直接指出问题所在，如果问题严重，就在左边空白页逐一详细说明，需要特别强调的问题，就多加一个三角或者用红色三角标出。本人论文中存在的问题不少，更主要的是先生的敬业精神。

（一）论文中存在的问题

一是框架结构问题。比如针对第一章导论中的主要创新部分，先生认为，研究还没有开始，谈何创新，创新部分应该写在最后一章，应该把准备研究的内容在第一章交代清楚。

二是方法问题。我也曾为学生讲授过研究方法课程，自认为调查方法部分不会有什么问题，但先生还是指出了研究设计中的缺陷。我仿效费孝通先生在一个村庄做了为期一个多月的调查，研究农村代际关系与家庭养老问题。该村总人口约1000人，运用等距抽样的方法抽取了样本。先生首先认为这个调查不应该用抽样，因为总体不够大。抽样调查讲大量、讲概率。应该用蹲点调查方法，与被调查对象同吃同住，进行深入访谈。此外蹲点一个月太短，接下来要多次回访，补充新资料。

三是表述不清问题。对于表述不清问题，先生批评的很严厉，并用红笔标出。对于标题过于简短现象，先生指出，几个字怎能表达完整的意思，其他评阅者看到这类问题会很反感，很反感三个字下面标注了红圈；引文也会带来表述不清问题，在一个段落中既有自己的调查资料或自己的观点，也有引用其他作者的文献。由于没有交待清楚，让读者无法看出哪部分是一手资料，哪部分是文献。

四是规范问题。如错别字问题、字号大小问题、序号问题、图表图例问题等。

（二）对论文的肯定

先生发现论文中的亮点部分会做出肯定性的说明。如文中有一个关于子女

先生评阅论文的批注

Baudura(1982)杜撰了"服务器控制"这个名词来描述对他人控制的地位(权力)。此外老人仍保持着对靠他们自己能力不能得到的结果的控制，避免失去个人的效能。因此，一个非常有趣的问题是：老年人是否主动地选择依赖以弥补他们真正的和预期的损失，因而保持并乐观地对待他们关注的目标？这样，自己选择的依赖就成为了傀儡式的控制（M.M.Baltes, 1996;M.M.Baltes & Carstensen,1996; M.M.Baltes 等，1991)。

健康自评常常被用来评价个人的整体健康状况。被调查对象在作出自我健康评价时常常会考虑多种因素，包括家庭史、目前患病的严重性、未确诊疾病的症状、一贯的健康状况、社会支持和家庭成员服务性支持等。同时，被调查对象还会考虑自己的回答会给自己带来什么样的后果。当被调查对象了解了调查的真正目的时，他往往会夸大对自己有利的事实，而缩小甚至隐瞒对自己不利的真相。都村调查中，用于考察老年人身体健康状况的问题是"您觉得您现在的身体状况怎么样"，这一问题用4个度量水平测量("好"、"一般"、"不太好、"不好")。认为"好"的占5.4%，"一般"的占8.1%，"不太好"和"不好"的为86.5%%。为了证实被调查老人回答的可靠性，我们与了解这些被调查老人邻居进行了核实。访谈发现老人们夸大了健康状况不太好和不好的程度，缩小了好和一般的程度。当我们核实一位姓马的老人的身体状况时，邻居说他的身体很好，而他在调查中却认为自己身体较差。我们核实了10来老人的回答，结果其中有6位老人夸大了自己病情的严重程度或低估了自己的健康状况。当询问被调查老人的邻居老人低估自己身体健康状况的原因时，邻居认为老人对子女的生活照料不满意，低估自己的身体健康状况是因为有抱怨的情绪在里面，当然也可能是为了引起人们给予老年人更多的关注，尤其是政府的关注，希望政府能给农村老年人一些福利。解决农村老年人看病难、看病贵，小病在家扛着，大病在家等死的现状。

位

3.2子女对老年父母的医疗服务

农村中，与子女分住的老年人生活自理能力比较强，这也是他们与子女分住的原因之一。较强的生活自理能力降低了老年人对子女服务性支持的依赖程度，但随着年龄增长，老年人的身体逐渐衰弱，患病率逐渐上升，照料资源对于老年群体显得十分重要。所以无论与子女合住的老人还是与子女分住的老人，都离不

60

先生评阅论文的批注

虐待老年人的案例，老人身患脑血栓，瘫痪多年，但头脑清楚，能吃能喝，饭量很大。饭量很大的结果是如厕的次数多。子女为了减少老人大小便次数，故意减少老人的食物，致使老人经常饿得大喊大叫，邻居听到喊声，觉得实在可怜，便给老人些食物。即便是受到子女如此的虐待，老人也在病床上熬了三年才过世。先生指出这个例子很典型，这是抽样调查做不到的，是个用来说明家庭养老弱化的好例子。

（三）对论文中的内容进行评价

除了指出论文中存在的问题，先生用大量的笔墨与学生对文中的内容和观点进行讨论。如上文提到的子女虐待老人的案例，先生问到：老年人有病，靠子女难，没保障，对这种虐待老人现象要有监督。

文中谈到村庄老年人的经济状况，经济条件好和比较好的占 28.2%，71.8% 的老年人经济条件不好。先生用红笔指出，这是一个很有价值的数据。但接下来又询问“为什么这个村子的人都不外出挣钱，收入都来自农业和副业吗？”

二、从先生身上学到的

2008 年毕业回到学校后，我开始指导学术硕士研究生，2011 年指导专业硕士研究生，2021 年指导博士研究生。在十几年的导师生涯中指导的学生足足有几十个了，最多的一年指导了七篇硕士论文。每篇论文按 4 万字计，每看一遍论文，阅读量约为 30 万字。一篇论文至少要评阅初稿一遍，预答辩稿一遍，毕业答辩稿一遍。按照最少三遍，一篇论文需要阅读 10 多万字，七篇论文约 300 多万字。指导七篇论文虽是不经常，但每年指导的论文在六篇左右，这里没有包括本科论文。面对如此海量的评阅工作，我始终没有能像先生那样字字改，句句改，但先生的以身作则对我的影响是深远的。

（一）对学生认真负责

对学生的负责，不仅仅是学业上的督促，还包括在他们走进社会以后各方面的准备。一是如何做人，二是如何做学问，首先是做人，其次是做学问。做人就是要做正直的人、诚实的人、守信的人。比如在守信方面，我要求学生要做到守时，因为守时就是守信的一部分。每一次与学生见面，我都要求学生们要做到提前几分钟到，宁可门外等候，也不要迟到。做学问就是培养他们的研究能力，让学生参与到我的课题研究中，课题不分大小，大到国家社科基金课题，小到市社科联项目，只要学生能够参与进去，他们就能够学会如何写项目申请书、如何设计问卷、如何收集资料、如何撰写调查报告。在一段时期内，我指导的学生获得的国家奖学金在学院内是最多的，他们的研究履历是一长长的课题、论文、获奖清单。对学生负责同样体现在评阅论文方面，我虽然不能像先生都把问题标出来，把评价写出来，但我会花上半天的时间当面把所有的问题提出来，或者用大段大段的语音告诉学生。有时我无法想象一个导师指导几十个学生的情形，他们是如何做到学生顺利毕业的。

（二）改变对学生的态度

以前我信奉严师出高徒，现在依然信奉。以前我信奉的严师表现在对待学生的行为是严格的考勤、严厉的批评、严格的守时。在严格的考勤制度下，有的学生由于出勤率不够，需要重修学分；严厉的批评后，有的学生会哭鼻子；严格的守时不仅仅是会面时的守时，更是提交各种材料的守时，尤其是提交开题报告、论文初稿、预答辩论文、毕业论文。我会对每次开题报告和论文的提交规定一个具体的时间，如果逾期不交，算作毕业延期。

现在信奉的严师依然表现在严格的考勤和严格的守时。但是面对学生的错误，我不再是严厉的批评，因为先生从来没有当面批评过我。即使没有批评，通过先生指出来的问题，自己脸上依然发烧，意识到了要如何去做。所以我不再认为学生是没有进取之心的，苛刻的言辞只能疏远老师和学生之间的距离，使学生们敬而远之，最终降低老师对学生的影响力。

我怀念与先生一次次的面谈，先生的音容笑貌如在眼前。

邬老师与博士生何玲、张岭泉、候佳伟（从左至右）

细微之处见风范

——谈恩师邬沧萍先生的人性光辉

苗瑞凤

老师的学术贡献，丰功伟业，有太多的记录与证明，不需要我在这里一一细说，我就追忆一二与老师之间的生活小事，谈一谈我感受到的恩师的人性光辉，以寄托我对老师的哀思。

一、真诚与接纳

第一次听到邬老师的声音是在我读研期间，当时我准备报考老师的博士，考虑到邬老在人口学界的泰斗地位和影响后，我对报考老师的博士很是心里没底，心想报考老师的学生肯定很多，而且其中不乏在学术界已有很深造诣的一些学者，而自己只是一名来自边远学校的普通硕士，几乎没有什么成功的可能性，但是心里不想放弃，总还是想考一下试试。于是从世俗的想法来看，总觉得需要跟老师联系一下，期望能够增加一些考取老师博士生的成功率。于是怀着忐忑不安的心情，鼓起勇气给老师打了一个电话。当时是没想到，这个电话号码在我后面的人生岁月里，尤其是在我读博的数年间，被我无数次的拨打和接听，当然这是后话。

我还是先说说打通老师电话的感受吧，在打电话之前，我心里已经预演了无数种的可能性，比如老师不接电话、接了之后拒绝或者随便敷衍我几句等，反正是负面的想法居多，我唯一没想到的是电话打通之后，老师听明来意，马上就跟我讲了讲人口学的一些基本理念，又跟我说了说要读些什么书，多看一些文章之类的话语。虽然没有关于考试方面的指导，但是老师亲切的语气、接纳的态度，让我安心了很多。这是我第一次感受到老师真诚的为人、宽广的胸怀，感受到了人口学大家对年轻后辈的善意与接纳。

二、细心与关爱

老师是做大事的人，但难能可贵的是他还很细心，非常关心学生。

记得有一次在海淀开会，我从通州的家里赶过去，到达会议地点的时候已经过了用餐的时间，我本人倒是没有特别在意，说实在的，对于一个女孩子来讲，似乎少吃一顿饭也没关系。但当我到了开会地点之后，老师拿出用餐巾纸包着的鸡蛋和蛋糕，说他是特意跟工作人员说了一下，从餐厅帮我拿的，老师说不吃饭不行，身上会发冷。当时我真的是感受到了老师父爱般的对学生的关心和温暖。

还有一次老师带着我去参加一个在人民大会堂举办的会议，到了之后，老师说："你还没来过人民大会堂，咱先不进会场，我带你转转，一会儿进了会场，我就出不来了，就没办法带你转了。"老师带着我看了一楼的几个厅，又带我上二楼也去看了看。这是我第一次也是迄今为止唯一的一次在人民大会堂参观的经历，是邬老师给予我的。

老师不仅关心我，还关心我的家人。

毕业后我每次给老师打电话，老师总是会问起："小韩怎么样？"小韩是我的爱人，读博期间老师见过我爱人两次，从此毕业后，每一次我跟老师见面或者电话，老师都会问起他的情况，我爱人也是颇觉感动。我是在读博期间结的婚，当时老师还送给他一条精美的领带，那条领带他好多年都没有舍得戴过。

每次打电话老师都会嘱咐我好好工作，也会关心我房子的事情，孩子的事情，等等。说实在的，我在老师这里太多次都感受到了那种父爱般的温暖。

三、节俭与好学

在人大读书期间，我是住在博士宿舍楼的一个三室一厅的套间里，客厅里只有一部公用电话，因为老师几乎每天都要给我打电话沟通关于科研工作的一些事情，每次打电话的时间比较长。后来小灵通电话流行起来之后，因为话费比较便宜，我就买了一部“小灵通”，这样接听老师的电话就方便多了，既能在电脑前边听边修改文章，又不影响其他同学使用公用电话。后来老师知道之后就几次跟我打听“小灵通”的情况，说他也想换个“小灵通”，当时我就在想老师这么有成就了，还这么节俭，真的是很让我敬佩。我跟老师说了“小灵通”信号不太稳定的缺点，但老师还是想买个“小灵通”。

后来有一次，我的一对在北京工作的好朋友夫妇买了新车，周末带着我和朋友去郊区玩了两天，由于“小灵通”的信号不是太好，到了郊区之后电话就不通畅，所以周末两天老师没有联系到我，回到市区之后，老师跟我说他急坏了，担心我出事，差一点就报警了。当时我很自责，觉得自己年少无知，就像个不懂事的孩子一样，光想着自己玩，没想到家长找不到自己会担心。当然另一方面也很感动。不过这件事情除了让我感受到老师如父亲一般的关爱之外，也让老师打消了买个“小灵通”的念头，从此以后老师再也没有提过买“小灵通”的事。

毕业之后有一次我回京开会去看望老师，一出电梯就看到老师站在厅里的门廊上等我，进屋之后老师跟我说，我来之前他正在电脑上练打字，学电脑。说实在的，现在的我对于电脑、网络上的很多东西也是不懂的，但从没有想着去探究、学习。老师当时已经是近 90 岁的高龄，还有这样的好学精神，真的是让我很感到非常的敬佩。

四、可爱与付出

老师也很可爱。老师在指导我学习和学术的时候，有时候我的注意力会被环境影响，比如有人敲门进来跟老师沟通一些重要的事情（老师太忙了，这是大家都知道的），我的注意力也就游移了，另外，年少时的我也很调皮，老师讲的时间长了我有时候也走神，老师是很敏锐的，他总能及时地发现我的走神。这时老师就会有一个动作，把手放在我的眼前，用两根手指一捏就好像捏住了我的两条视线，然后他就把我的两条视线拉到他的笔端，我的注意力就又回来了。我讲给室友听的时候她们笑得前仰后合，说：“你导师真可爱！”。

老师在我的成长过程中也是给了很多的帮助，付出了很多的心血。

博士毕业的时候老师帮我写了诚恳的推荐信，字里行间能看出老师努力地给予我夸奖和推荐。毕业数年之后我出版第一本专著的时候，想请老师为我的书写出版推荐。说实在的，当时让老师帮我书写推荐意见的时候，我又一次产生了当初报考老师的博士生时的那种忐忑心情，觉得老师太忙了，他不一定会答应帮我的书写推荐。但是没想到老师听后竟然欣然应允，过了一周我收到老师从北京寄给我的信，看到信封上老师工工整整的笔迹[1]，我瞬间泪目了。拆开信封，拿出那一张老师手写的密密麻麻的推荐文稿的时候，我真的太感动了。读博期间，由

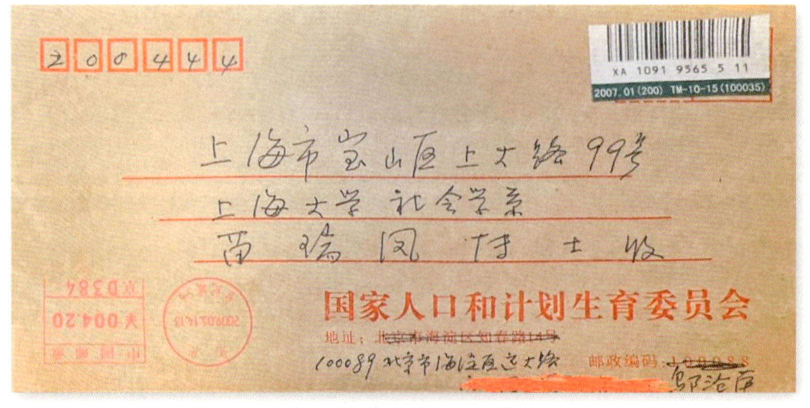

出版专著推荐信信封

① 文中所使用照片均为本文写作需要，于2024年6月30日在上海居所拍摄，拍摄者：苗瑞凤

推荐者姓名	邬沧萍	性别	男	年龄	86	职称	教授（荣誉教授）	职务	博士生导师
研究方向	人口学、老年学、统计学								
工作单位	中国人民大学社会与人口学院			邮编	100872	单位电话			
家庭地址	北京市海淀区人大北路人大园			邮编	100089	家庭电话			

推荐者对著作的推荐意见

随着社会主义市场经济的蓬勃发展，大量农村剩余劳动转化为农民工人，以弥补城市劳动力的不足，为我国经济社会的发展做出了很大贡献，但是这一群体的合法权益却屡遭侵犯。因此统筹城乡发展，建设和谐社会背景下，加强对这一群体权利的保护，使他们能共享社会发展成果，是一个刻不容缓的课题。

从当前制度文本来看，我国对农民工的权益保护是比较全面和细致的，然而外来务工人员社会权益保障的现实水平却不理想。制度设计与现实需求有差距是原因之一，但是更根本的，则是作为制度参与者的中央政府、地方政府、雇佣者和农民工之间没有建立起一个有效的合作机制。本书试图回答各方行动者是如何看待这一制度性的保障及如何采取各自的行动策略的，把研究的视角聚焦于外来务工人员权益保障实践中的合作问题，这是现有相关研究中被忽视但较重要的一项探索。

流动人口权益保障政策的实践运行是一个综合多学科知识的领域，人口学博士学习经历和社会学的博士后工作经历，培养了作者从多学科综合的视角观察研究能力。本书作者曾是我的博士生，在读博期间，她就对流动人口比较关注，人大对流动人口研究有较浓厚的研究气氛。毕业后的实际工作中，她也一直致力于流动人口的社会保障，家庭等相关问题的探讨，后进入北京大学社会学博士后流动站工作，从事了流动人口权益保护研究。这项研究结合了多年思考和实践积累的学术著作本书出版，对推进学术界和实际工作部门的政策有益和重要的参考和操作的价值。

推荐者签名：邬沧萍　　日期：2009年5月12日

专著出版推荐意见

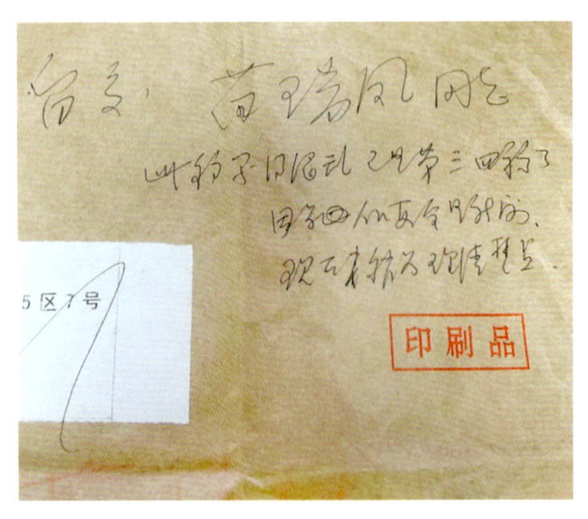

邬老师手稿留言[1]

于我是统招生，常年住在学校，所以渐渐的跟老师的沟通和交流就越来越多。老师曾笑称说我是他的三助：助研、助教和助理。读博期间，我帮老师整理了很多的文稿，那些手稿都是没有这么工整的。所以我太知道老师这么工整的书写背后是有多么的耗费精力和心力了。

当时我除了感动之外，心里面更多的是后悔，觉得我的这么一本普通的著作不应该去麻烦老师，不应该让老师那么费心。邬老就是这样，很多对他自已有益的一些活动和机会他都会推辞。但是对于学生的一些事情，邬老却不吝帮忙。

大是大非、生活细节皆可见人品，一言一行、一举一动，都透露着人性的光辉！

老师的精神会一直激励、鼓舞着我今后的人生路！叩谢恩师！

① 文中图片均为文稿使用目的，于 2024 年 6 月 30 日在上海居所拍摄，拍摄者：苗瑞凤

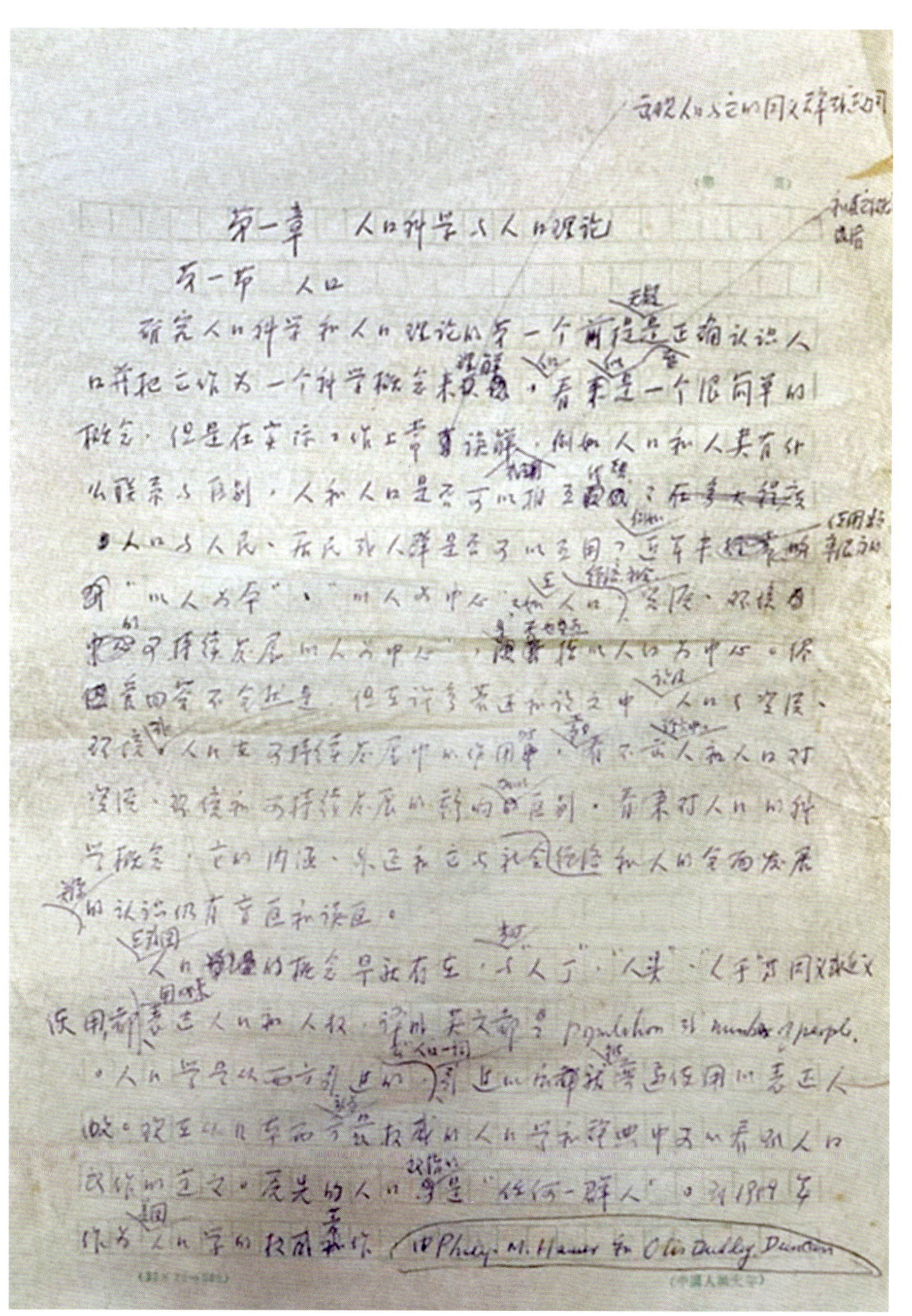

第一章 人口科学与人口理论

第一节 人口

研究人口科学和人口理论的第一个前提是正确认识人口并把它作为一个科学概念来理解。

邬老师手稿

追忆邬老，感念师恩

谢 楠

犹记得与邬老师初次相识是在2002年9月入校时。在人大东风六楼313宿舍，邬老师与学院老师一起来看望慰问大一新生。邬老师身材不高，精神矍铄，声音洪亮，热情与我们聊家常。得知我来自江西吉安时，邬老师放声大笑，直言“江西我熟得很呐，你们那的共青团湖还是我们人大老师挖的呢”，还略带炫耀地讲“我在那劳动时还当过插秧能手”。后来读新中国历史，看过不少对那段曲折历史的苦涩回忆，我总能想起邬老师的这两句话，历久弥新。

入学后，慢慢了解本系历史，逐步了解到邬老在中国人口学科泰山北斗的崇高地位，作为人口学系的学生，深感与有荣焉。当时邬老师已是耄耋之年，但仍笔耕不辍，极为高产，每年都有重磅论文发表，隔一段时间更有论著面世，令我们这些初学者仰望不已。2006年，本人有幸在姚老师指导下开始攻读老年学研究生，系统学习中国老年学相关知识，认真研读邬老师一系列研究成果后，更为邬老师原创性思想深深折服，“中国老年学奠基人”这个评价实至名归！

2008年硕士毕业时，感谢姚老师推荐，使我能拜入邬老师门下攻读博士学位，开启了我收获最多、感触最深的三年学习生涯。人口学系有一个传统，每周三下午都有学术会议，在读硕博士都要求参加。平时老师们忙，这也成为老师和学生的定期见面会。当时邬老已年近 90 岁，但他每周都坚持参加。记得博士开学后第一次见面会，邬老就直接问我近期课业安排，提出要给我单独讲几次课，把中国人口老龄化理论与过程系统讲一遍，主要是考虑到我本科学的比较杂，经济、管理、社会和人口学知识都涉及，博杂有余，但相较于原来的人口学本科生的专业训练，专精不足，有意给我补课。我极为激动，实在没有想过还会有一对一教学。

第一次登邬老家门，颇为紧张，现在回想，当时居然是空手上门。邬老独居，平时由保姆照料生活，全屋四室两厅，宽敞整洁，有一个专门的小隔间放置各种奖章奖杯纪念物，琳琅满目。坐在沙发上寒暄几句后，邬老随即询问我近期读书状况，看了哪本书哪篇文章，主要观点为何，有什么体会，丝毫含混不得。好在准备还算充分，算是过了关。后进入邬老书房，满坑满谷都是书籍报纸杂志，书桌上叠着新剪下的报纸豆腐块，纸上留着各种勾圈画线，压着一副放大镜。邬老坐在一副半躺椅上，一摇一晃，神态轻松，随即开讲。

先谈治学方法。邬老强调，必须要有足够时间充足阅读，以己为例，虽年近 90，每天仍需至少工作 8 小时，固定看若干份报纸、杂志，“没有输入就不会有输出”“端出一杯水，自己必须要有一缸”。当时的我实在臊得慌，因为我虽自认勤勉，但也经常摸鱼偷懒，着实做不到每天 8 小时以上全身心投入阅读研究，只能告诫自己务必见贤思齐。后切入正题，邬老从“少子化”“老龄化”等 ABC 基础概念讲起，再结合中国人口转变历程作为案例分析，整个讲解层层递进、条分缕析、清楚详尽，对我启发极大。讲了一个多小时，保姆进来告知可以开饭。我随邬老上了饭桌，菜品颇为丰富，先喝排骨汤，还有白切鸡和红烧鱼，主食米饭。邬老谈性颇浓，称自己是广东人，习惯饭前喝汤，平素也喜欢美食，工资不少花在吃上，北京的老字号都吃遍了。保姆阿姨还笑着说，你们邬老师可喜欢好吃的，有时吃腻了我做的饭菜还主动要去外面吃。饭后休息了一会，又接着讲。前后约莫讲了两小时，一直讲到“健康老龄化”才收尾。

这一幕虽过去了16年，但我回忆起来仍历历在目，仿佛就在昨天。这些细节如此清楚，不仅因为我当晚回去便罕见写了日记，记录下那天的激动与感慨，更在于我先后与我的父母、爱人和孩子都津津有味的回忆过、讲述过。我父母很欣慰，毕竟我作为从小城市来的“做题家”能有幸得到大先生亲炙教诲，何其有幸；我爱人很羡慕，她硕士毕业，也有过导师，但其无论是学术地位和亲和力都相差甚远；我的孩子则很好奇，因为邬爷爷总被他爸爸挂在嘴边，成为鼓励她努力上进的最佳典范。

更幸运的是，此后15年，这样去邬老家求教加改善生活的次数不少，博士论文写作期间更为频繁，基本每个月都会去一次。谈的次数越多，邬老在我心中形象越丰富立体，不仅是一个令人尊敬的“大先生”，更是一个可敬可爱的老爷子。

邬老对理论创新有着特别的执着。邬老极为骄傲于进入人大后接受过严格的马克思主义理论训练。20世纪50年代院校调整，邬老由辅仁调入人大，先由苏联专家进行严格培训，四门课笔试加口试，邬老门门优秀。邬老多次强调，学了一辈子，还是觉得马克思主义哲学“看得深、看得远”，运用马克思主义哲学方法分析问题方才解得深、讲得透。深入学习研究邬老的诸多原创理论成果，比如“中国老年学的学科特质”“积极应对人口老龄化”等，无不闪烁着马克思主义哲学的光芒，展现出全面性、系统性思维的优秀特质。

邬老尤为看重能不能发展出具有本土自主性和“中国气派”的人口与老年学理论。毕竟现代人口学源自马尔萨斯，几十年来运用最广泛的“人口转变理论”也是舶来品，但当下中国社会有如此深广的伟大实践，理应催生出伟大的理论，否则就是吾辈之责。事实上，邬老率先垂范，不仅花费大量时间皓首穷经，翻译、编撰国际理论著作，更孜孜不倦的研创新理论，即便进入期颐之年还先后做出“老年价值论”“存在决定健康长寿”等重要理论创新成果。

邬老还特别鼓励我们这些晚学后进不要拾人牙慧，不要甘愿做小东西，而要敢于做大东西、搞大的理论成果。读博士期间，在邬老的一再鼓励下，我战战兢兢地研究了老年人健康与人口红利，但邬老仍不满意我的胆小谨慎，毕业后一两年还给我打电话，直言如果我把标题直接改成“长寿红利”那就有重大意义，结果一保守，又被别人抢先了。

邬老对生活有着特别的热爱。邬老不仅喜欢美食，还喜欢篮球等诸多新鲜事物，曾兴致勃勃的和我讲过科比·布莱恩特是最像乔丹的运动员，但还是不如乔丹。邬老平素坚持锻炼身体，对流行时髦的东西保持热情，最早一批用上了电脑。这种热爱更体现在坦然通透地面对所经历的种种曲折与苦难。中华人民共和国成立后，邬老坚持举家回国参加建设，过程艰辛，登船前就遭遇美国全力拉拢，登船后对岸的特务还在千方百计的做工作，真正坚持回到国内参加建设的寥寥无几，而回国后更是起起落落、坎坎坷坷，知天命之年才有机会真正做事，与诸位老师一起做出了全国领先的人口学科，其中辛苦，可想而知。但邬老每每讲述这段往事，少见唏嘘哀伤，多是时不我待的感慨，甚至津津乐道于资历不够格当选“右派”、下放劳动成为“插秧能手”之类逸事趣闻。

我曾认真向邬老发问，如何看待他回国后所经历种种磨难，如果再有一次机会如何选择。邬老则正言道，“我们这一代人的理想主义与你们不一样，爱国主义不是一句轻飘飘的话，你们理解不了什么是国破家亡、流离失所，我们这代人是真看过也经历过，所以才会前赴后继要回来参与新中国建设”“再说生活哪会有那么一直顺，不可能呐，所以要乐观”。在我看来，深植于心中的理想信念方是邬老热爱生活的核心动力。

邬老对我们的未来有着特别的期许。邬老极为希望我们生活顺遂，能有幸福的家庭生活。我博士毕业后所找工作政审手续严格，单位需要与邬老直接了解情况。我清楚记得那天邬老正装笔挺，领带扣一丝不乱，罕见地递出印有一连串头衔的烫金名片，气场十足，震撼效果拉满。多年以后，单位参与政审的老师都向我感慨道：“你真是幸运，能获得这样大师的青睐。”我这才彻底明白，“少年剑未备妥，出门已是江湖”，亲爱的邬老其实就是用这样的方式尽可能的“扶上马送一程”，希望自己的学生出校门入新单位门时，能尽量被高看一眼。

邬老还对我的另一半和下一代极为关心。我带着爱人上门拜访时，邬老极为高兴，嘘寒问暖，直言我终于解决了一个大问题；当我装修好婚房、准备好家具，特地请邬老温锅暖房时，邬老每个房间都转转看看，对我能在这个物价腾贵、长居不易的首都落地安家极为欣慰；当我抱着孩子给邬老拜年时，邬老脸上都洋溢着喜悦慈祥的光彩，拉着娃的小手拍合照，还送上精心准备的各种礼物。

邬老更期待我们在各自的岗位上做出成绩，为这个伟大时代添砖加瓦。我博士毕业后因缘际会进入了涉台研究领域，由学术研究转入政策研究。邬老出乎意料地非常高兴，一再强调我要抓住这个千载难逢的机会，把政策研究做好，期许能真正影响政策。再去拜会邬老时，老爷子还兴致勃勃地谈台海问题。我着实佩服这个百岁老人的敏锐性和洞察力，对我们的思维逻辑与政策逻辑理解极为深入，不少判断至今都相当准确。

我一度对邬老的长寿极有自信，尤其是得知邬老百岁时还做出新成果时更为骄傲，兴奋地向我爱人预测，邬老或许能赶上周有光先生，迈入110岁的新境界。但天有不测风云，邬老终究还是在2023年的夏天离开了我们。

得知邬老去世的那个晚上，我枯坐在家中，流着泪絮絮叨叨和爱人、孩子讲了许多许多，讲16岁少年进入人大遇见了成长中最重要的恩师，讲一个90岁的老人戴着眼镜不厌其烦给他的学生讲论文该怎么写、一笔一画示范论文怎么改……而今莞尔音容在，犹是当年问学时！

斯人已逝，生者如斯。继承好、发扬好邬老的学术思想，过好当下和未来的生活，应是对邬老最好的纪念！

先生千古！

于北京颐东苑

纪念可亲可爱可敬的邬爷爷

唐　丹

认识邬爷爷是在 2007 年的春天。当时我即将从北京师范大学心理学院发展心理研究所（现为心理学部发展心理研究院）毕业，到中国人民大学求职。时年 85 岁高龄的邬爷爷回系里参加我的试讲。邬爷爷认真听完我的讲解后，提出一个问题："你研究的是主观幸福感，有没有客观幸福感？老年人的客观幸福感应该怎样测量，又可以怎样提升呢？"邬爷爷百年不变的"粤普"给我这个广东人带来扑面而来的亲切感，他所提的问题深深印在我的脑海里，对我日后的研究产生深远的影响。

2022 年，老年学教研室荣获中国人民大学师德先进集体称号，我作为教研室主任被学校推荐参加第四届"北京市大中小幼教师讲述我（我们）的育人故事活动"。我以邬老师开创中国人口学和老年学学科，引领开展扎根中国大地科学研究为主题，讲述老年学研究室的育人故事，获得了特等奖。现以获奖讲稿纪念可亲可爱可敬的邬爷爷。

扎根中国大地的传承

大家都知道，中国人民大学是中国共产党创办的第一所新型正规大学。今年4月，习近平总书记到人民大学考察时指出，人民大学具有光荣的革命传统和鲜明的红色基因。我们老年学教研室，也始终坚持扎根中国大地做好科学研究，坚定落实立德树人根本任务，为党育人，为国育才。这种精神始于一位“零零后”，他是谁呢？大家请看，就是图片中那位银发老人——我国人口学和老年学的开拓者——百岁高龄的邬沧萍先生。

邬老是我们教研室的“宝贝”，更是所有后辈学者的楷模。1951年，新中国百废待兴，邬老毅然放弃国外优越的生活条件，回国参加建设，成为共和国最早的“海归”之一。对于当年回国的决定，邬老是这样说的：“我本来就没想在美国久留，所以当时我就考虑，要回国工作，要做对中国有用的，所以我就要选最合适的，第二个专业就选了统计学。”

70年来，邬老一直在做“对中国有用”的事儿，在相当困难的情况下，极具前瞻性地开展人口学和老年学研究。这种报效祖国和“先天下之忧而忧”的精神，影响一批后来者，也包括我。

记得十几年前邬老师跟我的一次谈话。当时我刚到人大工作不久，邬老让我参加《社会老年学》一书的编写工作，负责老年心理这一章。我根据早年间接受的训练，书稿通篇介绍的都是西方的理论和研究成果，心想着邬老师是老海归，也一定会喜欢这种风格。书稿上交不久，邬老师给我打了个电话，我满心欢喜地期待着邬爷爷夸奖。没想到，他给我泼了一大盆冷水：“小唐啊，书稿写得不错。但是啊，我们要写的是中国老年学的教材，一定要有中国特色。”我很不服气：“老年心理学就是西方做得好啊，国内的研究都是重复国外的，有什么可写的呢？”邬老呵呵一笑：“西方的理论是基于西方的社会实践提出来的，但中西方有巨大区别。西方强调个人主义，但中国强调集体主义；西方有严重的老年歧视，但中国有悠久的尊老传统。在应对中国人口老龄化问题上，必须从中国实际情况出发，有所取舍，区别对待。”邬老师跟我煲了快一小时的电话粥，那些话听得我心服口服。从此，我明白了，研究老年学，最终是要应对中国人口老龄化，是要增进中国老年人福祉，所有的研究都必须立足中国

邬沧萍照片

实际，解决中国问题。邬老师教会我的不仅是研究思路，更是一个中国学者要扎根中国的使命！

随着我国人口老龄化程度日益加深，老年学比过去得到了更多关注，但依然是个冷门。邬老师的执着带动了教研室的老师们，我们一直甘坐冷板凳、直面真问题，持续开展研究，把对老年学研究的情怀和热爱传递给青年学生们。我们带着学生走遍了大江南北，在祖国各地的农村和社区留下我们师生的脚印。在实地调研过程中，同学们不仅学会了相应的知识和方法，更懂得了新时代青年应该心系“国家事”、肩扛“国家责”！

记得一个从其他专业调剂到老年学的硕士生小王，刚入学时特别不情愿，上课总低着头看书。原来啊，他一心想跨专业考博士。了解这个情况后，我鼓励他多参与课题，希望他能通过调研实践来体会老年学的魅力和意义。我带他到山东泰安参加了对留守老人的调研，又带他逐字逐句修改调研报告，调研报告得到了当地政府的肯定，还把我们的一些对策建议直接在村里实施了。这件事让小王深有感触，他跟我说：“唐老师，我一直以为老年学就是研究和分析一些政策文件，从没有想到会扎到村里跟老人直接面对面，感受他们的疾苦，更没想到我们的研究还能帮助老人解决实际问题。老年学研究太有必要，太有意思了！”小王后来考取了老年学的博士研究生，毕业后到了农业农村部农村经济研究中心工作，专门从事农村人口老龄化的相关研究。到现在，我们教研室培养了约两百名硕博士研究生，为繁荣发展中国老龄科学输送了大量优秀人才。

习总书记强调，培养社会主义建设者和接班人，迫切需要我们的教师既精通专业知识、做好“经师”，又涵养德行、成为“人师”。“经师”和“人师”的统一，正是邬老师终身践行的教育理念，也是我们教研室代代传承，不断为之奋斗的方向。在未来的日子里，我们要继续扎根中国大地，做好老龄研究，将红色基因一代一代传承下去！

纪念邬沧萍先生

李　婷

距接到为邬沧萍先生写一篇纪念文稿的邀请已经过了很久，但我迟迟下不了决心要不要动笔。因为这个邀请让我诚惶诚恐，在我看来，我是完全不够格来做这样一件事情的。不仅仅是因为辈分和位置差了很远，就亲疏远近来说，我也是隔了邬先生很远了。我正式入职中国人民大学是在 2013 年，刚好那个时候邬先生也就不怎么来学校了，我也错过了直接聆听邬先生教诲、与之日常交流的机会，再加上日常工作也主要限定在人口教研室，也没有太多跟邬先生打交道的机会。因此，于我在很长一段时间里邬先生就是一个遥远的符号，一个同事们口中的神话，只有偶尔在新生开学典礼上听到邬先生那中气十足又极具特色的“广普”的时候，才能真实感觉到他就是在附近的先生。

要跟邬老师产生真正意义上的现实连接（这个时候在心理上我终于可以称呼他作老师了），就要等到 2020 年筹拍人大人口学学科史的时候了，但也没想到那竟也是最后一次跟邬老师面对面聊天了。虽然只有短暂的一个上午，但那一天的画面直到今天还在我的头脑里不断闪回。就在画面闪回的那一刻，我突然想明白了，纪念邬老师并不需要什么资格，也不需要跟他多么亲近，只要是受到过他的感召，那么这就应该成为一种义务。因为我们的目的并不是为了彰显跟邬老师的关系，而是应该把我们记忆中邬老师的那些瞬间传承下去，哪怕只有一个上午，哪怕只是一些片段，哪怕只有寥寥几百字。把受到的感召再继续传递，这是回报邬老师最好的方式，也是延续邬老师精神的最好方式。这是责任也是义务，跟资格毫无关系。于是我下决心写下这篇文章。

时间回到2020年的秋天，在接受了系里撰写学科史的任务后，我灵机一动想着在留下文字资料的同时，不妨用视频和亲历者口述史的方式来还原这一段不平凡的学科以及院系发展史。要完成这一任务的关键就在于采访邬先生，不仅仅是因为邬先生的资历最老，更重要的是，他是仍然在世的、这一整段历史唯一的全程亲历者。提出要采访邬先生我也经过了激烈的思想斗争，因为2020年的秋日也并不是一个特别好的时间。那个时候虽然疫情大面控制住了，但是北京和各地都偶有散发，当时邬先生已经是99岁的高龄了，多人去到邬先生家里采访也是一件极具风险的事情。

在踌躇了很久后，我还是联系了孙鹃娟老师。没想到孙老师一口答应帮我联系，还安慰我说邬老师一定很愿意做这件事情。很快邬老师那边就回复了没问题并迅速约定好了时间，这让我一开始就对邬老师和孙老师充满了感激。然而，在我放下悬着的心的那一刻才发现又有新问题了——似乎我对邬老师知之甚少，要怎么准备访谈提纲呢。我火速在网上买了一本《邬沧萍传》，然后用了一天的时间就读完了。之所以能读这么快，是因为这本书太好读了，至少比我一开始想象得要好读多了。邬老师的传记简直充满了各种传奇的因素，从一开始《红楼梦》里南海的邬家，到家庭的兴衰与邬老师的上学经历，再到放弃香港海关优渥的工作去纽约的求学之路。当然最富画面感的是邬老师一家人带着刚出生的孩子毅然决然踏上回国的轮船，同船上还有同样会对新中国产生重要影响的人物。这一切太像电影里的情节了，也让我更加期待与邬老师的面对面访谈。

正式访谈和录制口述史视频的日子是2020年11月22日。那个深秋的早上，天气晴朗，阳光正好，银杏叶落了一地。我们准时到了邬老师小区门口，开门的保安听说我们是去采访邬老师的，赶紧凑过来让我们帮忙向上反映他老家的问题。看起来保安已经很有经验了，不知道跟多少人提过，他是相当知道邬老师与众不同的地位。当时要反映什么具体问题，我已经完全不记得了，但也算一个有意思的小插曲，在我踏入邬老师家之前，又为他罩上了一层光环。

到邬老师家门口，没想到是邬老师亲自来应门和开门的，让人又惊又喜。99岁的老人依然健步如飞，也丝毫没有尊卑之分。还来不及感动，邬老师已经把我们领进客厅。客厅显然是经过专门收拾的，整齐明亮。等邬老师坐定后，才发现他面前的茶几上已经摆上了超过半米高的资料。据说为了这次学科史访谈，邬老师提前准备了好久，面前的资料都是他一一找出来的，更令人惊叹的是，他还提前把资料中可能涉及的内容提前做好标签，便于随时翻阅。这么细致的准备工作让我们自叹不如，而这只是一个学科史的访谈，可想而知对于平时的研究，邬老师该是多么的严谨和细致啊！

没有太多寒暄，邬老师就开始直入主题侃侃而谈，早就听闻邬老师“闲谈莫超十分钟”的传闻，今天一见果然名不虚传。邬老师红光满面，精神矍铄，一开口依然中气十足，再次刷新了我们对99岁老人的认知。原先准备好的提纲基本用不上，邬老师就按着他的逻辑开始滔滔不绝地讲。不是从预想的20世纪70年代开始，而是从30年代、50年代中国学界对人口问题的争论开始；不是从布加勒斯特会议开始，而是从更早的中国恢复联合国席位的前因后果谈起。回顾这过去的大半个世纪的故事，邬老师如数家珍，即便是一些我们事先知道的事情，经他极富感染力的表达后，也让听者身临其境。不知不觉，邬老师竟然讲了三小时，我们几次让他歇一歇，他只是摆摆手，喝两口水又继续。

谈完学科史的内容，邬老师显然还不尽兴，继续谈到专业发展，谈到老年学的发生发展，从老龄化概念的提出，到设立老龄研究所，到编写《社会老年学》教材，到提出对积极老龄化的独特思考。邬老师说他对老龄问题的思考一天也没有停滞过，他每天会按同样的节奏读书、思考和写作。他说最近正在酝酿“存在决定健康长寿”的想法，存在既包括自然环境，也包括社会环境。一个人从出生开始，所处的生活条件、营养条件会一直影响老年。人类社会如何面对长寿时代带来的挑战将会是一个重要的问题。老年学牵涉到老龄化与整个社会发展相关的经济、社会、文化、生态以及可持续发展问题，是一门哲学社会科学和生物医学的交叉学科，涉及范围远远超过人口学……

我们这次的访谈结束了，本来以为还有更多机会继续聆听邬老师的教诲。我想，那一天的画面会在未来的日子里不断在我的脑海里闪回，激励我怎么对待研究，做人做事，以及如何健康而乐观的生活……

访谈邬老师时的照片（摄于2020年11月22日）
（从左至右：靳永爱、李婷、邬沧萍、孙鹃娟）

邬沧萍先生的人口意识与爱国情怀

周祝平

2023年，邬沧萍先生以过百岁高龄驾鹤西去，迄今已经一年多了，先生的音容笑貌常在脑中。先生爽朗豪迈的笑声，见了晚辈后学主动打招呼的神情，永远不会忘记。邬先生的一生，与近百年来国家的命运呼吸相通。读先生的传记和文章，如见其人。依中国人传统观念，士希贤，贤希圣，圣希天，先生可谓大贤，学术人品永远值得后学晚辈景仰。先生道大，本文仅从先生的人口意识与爱国情怀角度稍加阐申，以志纪念。

人口意识是对一个国家、一个民族的整体数量意识，是近代中国知识精英在民族危亡的背景下产生的自我国家意识。近代中国，命运多舛，仁人志士，无不为中国遭受的列强欺凌而感到屈辱。国家意识的建立是近代中国知识精英在国际危机激发下生发出来的救亡图存意识。近代以前，中国传统士大夫阶层只有朝代意识和天下意识，并没有国家意识。先秦时期，所谓“国”，主要指诸侯国，其上有周天子。其时，国家兴亡的责任主要在公侯贵族身上，对百姓而言，可以自由迁徙。哪个诸侯国的统治更适宜生活就到哪个诸侯国去。因此，国家等于社稷，诸侯贵族的最高道义责任是为社稷而死，平民百姓并不承担此种重责大任。

春秋战国以后，从孔子开始，士人知识分子渐渐意识到，仅有诸侯国的平治是不够的，天下的平治更重要。孔子一生栖栖遑遑、周游列国，欲其道行于天下，他所欲行的“道”并不是一种形而上学之道，而是平治天下的人伦大道。秦以后，中国人如愿以偿地实现了天下大一统，车同轨、书同文、行同伦。此后两千多年来，在中国人的观念中，国与天下几乎混同一致。中国国家之大，几乎等同于天下。明末清初的大学者顾炎武提出“国家兴亡，肉食者谋之，天下兴亡，匹夫有责”，其所谓的“国家”，并不是我们今天观念中的现代“国家”，而是传统的“社稷”。他所谓的“天下”，实际上仍是广土众民的这片国土，更接近于我们现在所谓的“人民主权国家”的非政治化表述，与近现代的“世界”和“国际”范围有差异。

鸦片战争以后，中国这个传统“天下”受到了极大刺激，特别是甲午战败和八国联军侵入北京，使当时的知识精英意识到，中国与世界的关系不再是中国与四夷的关系，而是弱国与强国的国际关系。传统中国王朝政府体系中没有外交部门，直到 1961 年才建立“总理各国事务衙门”，成为中国首个近代化的外交机构。到 1901 年清政府把总理衙门改为外务部，列为六部之首。近代中国政府体系的变化，一方面是因应外部国际环境的新变化，另一方面是国内精英阶层现代国家意识的觉醒。

孟子说，读其书不知其人可乎。读邬先生的学术文章，必须先了解邬先生的家世背景、求学经历、时代潮流。这样才能真正理解邬先生的学术精神所在。中国人喜欢把知识与德性、知识与生命、学问与知识、知与情放在一起比照并观。仅仅从学术文章看到知识是不够的，技术性的文章反映的是学术技巧，并非人人可学。知识背后的人生德性、生命格调、学问情怀才具有普遍意义。邬先生以研究人口学、老年学闻名于世，我们纪念邬先生重要的是弘扬邬先生的学术精神。邬先生的学术精神是什么呢？笔者理解，就在于他深沉的民族意识和爱国情怀。邬先生的人口意识是在民族意识和国家意识激发下，经过一番学术研究而逐渐形成的意识。

邬先生于1922年9月出生于广州，家境富裕，父母都是日本东京留学生，父亲是东京大学高才生。邬先生小时候正处于大革命时期，席卷华夏大地的革命浪潮在南方的广东尤为激烈。广州的革命激情遍及各个角落。从军队到学校，处处是高喊口号、大声唱歌的情景。作为百岁老人，在他晚年的《百岁人生——邬沧萍口述实录》（以下简称《百岁人生》）中说，幼儿园时期唱得最多的那首“打倒列强”的歌终生印在脑海中。“打倒列强，打倒列强，除军阀，除军阀，国民革命成功，国民革命成功，齐奋斗，齐奋斗！”邬先生上的小学是当时广州最好的公立小学，在小学的时候种下了影响一生的爱国主义种子。1931年“九一八”事变，日本侵占东三省，小学全体师生集合在大操场，在校长带领下一齐高喊“打倒日本帝国主义”的口号。在口述实录中，邬先生说，虽然时间过去90多年了，但是五一小学校长对全校师生说“我们的东三省丢了”时大家痛哭流涕的情景依然记忆深刻。邬先生认为那是自己第一次受到的爱国主义教育，从此在心中有了爱国主义情结。

邬先生从幼儿园、小学到中学，都是在一个爱国主义文化氛围中成长。广雅中学前身为广雅书院，由晚清著名洋务派官员张之洞创办，后来成为广东省最好的中学。学校实行寄宿制，招收的学生全部是男生，并要求学生用毛笔写日记。邬先生回忆说，“最让我难以忘怀的，还是广雅中学给予我的爱国主义教育。”随着日本加紧对中国的侵略，1935年北京爆发了“一二·九”运动，一个月后广雅中学师生举行了抗日示威游行，高喊爱国抗日口号。1937年7月7日，抗战全面爆发，广雅中学被迫迁到顺德县，全校师生同仇敌忾的抗日情绪更加高涨。邬先生回忆说：“中学时代的我，亲历了一场抗日救亡的学生运动”，“在国家生死存亡之际，我能够与国家民族同呼吸共命运，把澎湃的爱国情怀植根于心

在广雅中学读书时的邬沧萍

1946年大学毕业时的邬沧萍

中”[1]。邬先生的中学和大学生活，都处于日寇入侵，全民族救亡图存的时代。邬先生一方面刻苦读书，成绩名列前茅，另一方面树立了摆脱列强欺凌、让中国富强起来的最深沉的理想。

邬先生的爱国情怀极其深沉而强烈，决定了他在 1948 年赴美国留学后依然时刻关注国家的前途和命运。1949 年 10 月 1 日中华人民共和国成立的消息传到了美国，邬先生与一些进步留学生非常兴奋，一起在纽约举办了庆祝新中国诞生的活动。1951 年邬先生响应党和国家的号召，放弃美国优厚学习生活条件，与妻子中断正在攻读的博士学位，毅然决然与妻子携带刚满周岁的儿子回国参加社会主义建设，完全是出于从小培养起来的爱国情怀。

邬先生的人口意识与爱国情怀息息相关。他在美国留学时萌发了对中国的人口意识。20 世纪 40 年代末，人口学还是鲜为人知的学科。当时美国大学热衷于研究国民收入。邬先生在参加世界国民收入的比较研究课题时发现，虽然 1936 年是旧中国最好的年景，但是按照 4.75 亿人口计算，人均国民收入只有 36 美元，仅相当于当时美国的 1/70 ~ 1/60。这个计算结果让邬先生十分震惊，刺激很大，当时他就认为中国的贫穷，经济不发达是一个原因，人口多也是一个原因。

现代民族国家在获得政治上的独立主权之后，构成这个国家的人口就成为该民族国家命运共同体的基石。人口的多少，收入的高低，就成为独立后的国家发展绩效评价的基本指标。邬先生在《人口学在 21 世纪是一门方兴未艾的朝阳科学》一文中谈到人口意识的特殊性，“在早期关心人口问题的都是统治者

① 李娟娟，孙鹃娟．百岁人生——邬沧萍口述实录 [M]. 北京：人民出版社，2021.

和一些有远见的思想家，一般人对人口问题大多是漠不关心的”[1]。可见，普通民众一般只关心自己个人和家庭的利益，既没有统计数据，也没有外在条件让一般人意识到人口问题的存在。只见树木不见森林，是一般人的常态。只有忧国忧民的知识分子才会把思维层次拉高到国家和人口层面。

邬先生作为中国人民大学计划统计系的教师参加了新中国第一次人口普查，见证了第一次人口普查结果公布后国内对于中国人口问题的讨论和辩论。邬先生在回忆中，反复强调，1954 年公布了第一次人口普查统计结果之后，举国震惊。出乎所有人的预料，发现原来四万万、五万万同胞的认识全错了，中国居然有了 6 亿人口，占世界人口 1/4。知识分子和国家领导人开始意识到新中国人口问题的存在，并开始了全国人口问题大辩论。遗憾的是，由于受到当时苏联人口观念的影响以及“反右运动”的冲击，中国领导人和知识分子对人口问题的意识并没有巩固下来，更没有形成政策。此后近二十年，人口研究几乎成为“禁区”。不过，邬先生即使在“五七”干校劳动期间，对中国人口与贫困之间关系的思考也始终不断。

1971 年，联合国恢复了中国的合法席位，这意味着中国要履行很多联合国成员国的义务，出席联合国各种会议，参加各种问题的讨论。当时联合国极为关注世界人口问题，特别是第三世界的人口问题，把人口问题视为人口、贫困和污染三大问题之首。中国作为世界上第一人口大国，理所当然被邀请参加联合国各种人口问题的讨论。在此形势下，中国政府开始提前准备即将在 1974 年召开的第三次世界人口会议，并把这个任务交给了中国人民大学。中国人民大学党委很快就选派了十几名来自各系的教师组成了人口学研究小组。刘铮教授被任命为组长，邬先生是小组成员之一。在世界人口大会之后，为了更好地在国际上为中国的人口问题发声，国家决定成立一个常设性的人口研究机构。由于当时还处在“文化大革命”，人口研究的学术环境不好，原先许多参加人口学研究小组的老师都不愿意留下来。邬沧萍教授坚定地留下来了。邬先生在《百

① 邬沧萍.人口学在 21 世纪是一门方兴未艾的朝阳科学 [J]. 人口研究,2002,(01):2-9.

岁人生》中说："从'五七'干校归来加入人口研究小组，这可以说是我人生中、学术生涯上迈出的重要一步。在当时情况下，转行去研究人口问题是要顶着政治风险的"，"研究中国人口是我在美国留学时的一个学术愿望"，"研究人口也是我认为自己能够发挥作用的空间"，因此加入中国人民大学新成立的人口研究机构是"义无反顾，求之不得"的事情。

从邬先生选择人口研究作为自己的学术志业，我们可以看出，中国人口学的诞生与国家建设的需要密不可分。正因为邬先生从小培养了强烈的国家意识和爱国主义精神，使他很自然地把人口研究与国家发展联系起来。在此后几十年中，邬先生始终怀着为国家民族长远发展的战略考量去推动中国的人口学、老年学研究。从初期的人口统计数据与方法的国际引进和探索，到编著《人口理论》、翻译《人口通论》、主编《世界人口》、编写《人口译丛》，到1977年创办《人口研究》杂志，成果数量是惊人的。1979年3月，邬先生与刘铮、林富德教授撰写的《对控制我国人口增长的五点建议》的研究报告被送到国务院，两次登在《内部参考》里并发给各省委，并在中央经济工作会议上发放，对国家人口决策起了重要作用。

邬先生特别强调树立人口意识和人均观念，在《百岁人生》口述实录中，曾反复强调研究人口的一个核心问题就是人口与资源环境的关系，说"我在多年研究过程中，也一直贯彻人口意识和人均观念"。从1979年5月15日与刘铮教授合作在《人民日报》上发表《人口非控制不行》一文所体现的人口规模意识，到1984年8月20日在《人民日报》上发表《老龄问题和我们的对策》一文所体现的人口结构意识，以及此后几十年的人口学、老年学研究，邬先生都把人口问题、老龄问题与国家发展战略紧密结合在了一起，体现了他一以贯之的爱国情怀。

邬沧萍先生逝世一周年了，我们纪念他，不仅要学习他的学术思想、学术方法，更重要的是深入理解他的学术精神和爱国情怀。人口问题始终是个国家问题，只有对国家民族抱有强烈的意识，才能为人口研究提供源源不断的动力。

追忆邬沧萍先生

贾云竹

细想起来，早在 1994 年，自己才 20 岁出头、大学还没毕业的时候，就与邬沧萍先生“结缘”。当时我在西南师大地理系学习，人口地理学是我非常感兴趣的一门课程，在学校图书馆人口学书籍、《人口研究》《人口与发展》等期刊上，“结识”了刘铮、邬沧萍、查瑞传这些人口学界的开山大佬，“人口老龄化”这个影响自己一生的关键词，就是在拜读邬沧萍先生的文章时种下的。1995 年毕业时，我提交的本科毕业论文就是《重庆市人口老龄化的现状及趋势研究》。邬沧萍先生作为中国老年学的开创者，其著述也成为引领我步入老龄议题研究的灯塔。

1998 年，我进入中国人民大学人口研究所攻读硕士学位，师从杜鹏教授，因为邬老师是杜老师的导师，所以我们就成为邬沧萍先生的“嫡系徒孙”。当时人口所在读的硕士博士总共也就十来号人，学生上课的主要教室和老师们的办公室都集中在“实事求是”校训后面的那幢苏式的回型教学楼二层，所里面的各种学术活动、学生活动也非常多，老师和学生们关系很亲近，加之同班的 4 位同学都是人大人口所的本科生，大家很快就给我补上了关于邬沧萍先生的传奇人生课：中华人民共和国刚成立便毅然放弃美国优渥生活并携妻带子回到一穷二白的祖国，上山下乡劳动改造登上了《人民日报》，与刘铮、查瑞传等被誉为中国人口学的三驾马车，代表中国参加联合国第一次世界老年大会……怎么听这些故事都是“传奇”！

当时邬沧萍先生已经是76岁了，但并没有退休，还一直活跃在教学和科研一线。当时对邬老师最深的印象是他骑着一辆二八自行车风风火火地穿行在校园，完全没有“老”的气息，操着一口闽南味十足的普通话，中气十足，精力充沛，记忆力超强！大家都非常尊重他，但是他自己却是非常的随和、亲切，总是笑眯眯的，非常和蔼可亲，我们这些学生的名字他也都可以随口叫出来，没有一点生疏或距离感。研究生期间，正是积极老龄化、健康老龄化这些理念开始兴起的时候，邬老师当时发表了好几篇相关的文章，成为我们了解这些最新理念的重要参考文献，也成为我们课堂讨论的热点议题。

硕士毕业时，我有幸获得了当年的“优秀毕业生”奖，邬老师亲自为我颁授了证书和奖牌，我清晰地记得他微笑着握手祝贺我顺利毕业，并获得表彰，这无疑为我在人大三年研究生学习时光画上了最完美的句号。毕业两三年后我回到学校，偶遇依旧骑着自行车的邬老师，当时邬老师已经80多岁了，但依然身手敏捷，翻身停下车后，张口就问：“云竹，你在妇女研究所还在研究老龄问题吗？”我当时是有些吃惊，没想到邬老师居然能清晰地记得我们这些晚辈的工作单位、研究方向！后来我又重返学校继续攻读博士研究生，当我走进面试室的时候，邬老师笑着对我说，云竹是我们自己培养的学生，欢迎回来继续读博！瞬间有种游子归家被家人温暖拥抱的感觉，让我止不住热泪盈眶。

后来我才发现，邬老师对我们的发展是真的很关注。每次见面都会书接上回，先问上次见面时留下的话题进展如何，然后问现在在关注什么。工作后拜访邬老师每次我都会主动汇报自己当前的工作情况，他知道我一直关注家庭照料支持、认知障碍照护这些议题，他会将自己接触到的相关信息、书籍等推荐给我。前些年我在《群言》上发表了一篇关于居家养老家庭支持的小文章，我去拜访他的时候，他说刚看了那篇文章，说这个议题非常重要，鼓励我在这个议题上继续深入研究，2019 年我主编出版科普性读物《居家养老照料实用指南》，邬老师也非常喜欢，为我题写了“老吾老以及人之老”作为推荐语，还让我多给他几本，方便他送给需要的朋友和来拜访他的人。

2018 年，我进入到目前任职的北京协力人口与社会发展研究所，有一次带着研究所的同事去拜访邬老师，一方面是向邬老师汇报研究所的情况，另一方面也请他为研究所题写一下所名。邬老师欣然应允，他让红姐准备好笔墨，拿出宣纸，先思虑好布局再下笔书写，一幅写好了他自己端详审视，觉得不够满意，又重新再写，最终是写了四五幅字给到我，说你自己挑选一下择优使用吧。后来我把邬老师题写的字给到一位书法协会的朋友请他帮忙挑选和装裱，朋友看了这些字后对我说，老先生一看就是有书法功底的人，他的字写得很好！

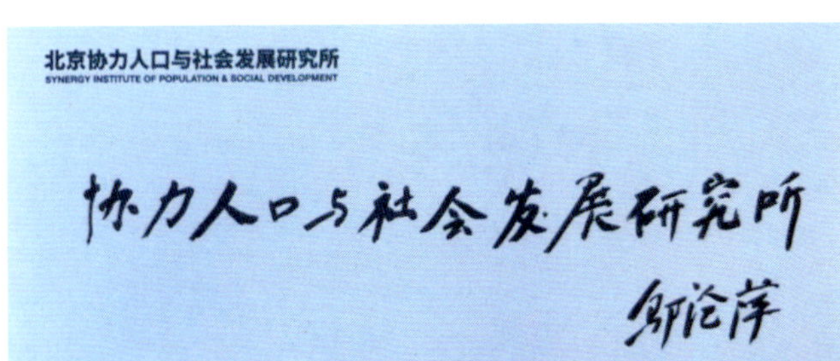

邬沧萍先生题写所名

作为中国老年学的奠基人，邬老师是国内最早介绍和倡导“健康老龄化”“积极老龄化”理论并切实践行的大家。即便是到了 90 多岁的高龄，邬老师也一直活跃在老龄研究的领域，学术成果、学术交流从未停歇过，2004 年启动至今的中国老年学学科建设研讨会，邬老师从未缺席，以至于我都觉得每次参加这个会议，对我而言一个重要的目标就是见到邬老师，并问候和向他致敬！在老年学界，人人谈及邬老师都是佩服的五体投地！数十年如一日的坚持大量的阅读、广泛摄取社会发展的最新信息、从未间断的著书立说、不时参加一些重要的学术活动、脱稿主题演讲、在家接待各种慕名而来的拜访者……名副其实的“积极老龄化”“健康老龄化”的践行者。他对于老年学研究的热情和推动它发展的使命，是激励和鞭策我们这些后辈继续努力的强大动力！

2016年，邬沧萍先生94周岁生日与作者的合影

我最后一次邀请邬老师参加一个校外的学术活动时，他已经98岁高龄了。那是一个在国家会展中心召开的健康老龄化主题的大会，会议主办方非常想邀请邬老师出席开幕式并做一个简单的致辞，托请我帮忙邀请。说实话，98岁高龄对于很多人来说可能独立行动都是很大的挑战，更别说还要去致辞和发言了。我也没敢贸然答应，先去咨询了杜老师的意见，结果得到了杜老师肯定的建议，说邬老师参加没问题，你放心邀请吧！结果邬老师为大会作了整整半个多小时的精彩演讲，把健康老龄化、积极老龄化的理念如何进入中国，对其内涵和价值进行了最为生动和科学的阐释。邬老师发言结束后，一众参会者纷纷抢着要和邬老师合影，我当时觉得自己哪里是在参加学术会议，这分明就是邬老师的专场粉丝见面会啊！会议结束后，邬老师甚至还答应了凤凰卫视对他进行半个多小时的独家专访！我一直揪着心，担心这些活动给邬老师带来身心的压力，

不断提醒记者严控时间，但记者镜头里的邬老师思路清晰、声如洪钟、精神矍铄，没有一点疲惫之态，他们一定觉得是我太过矫情！事后我送邬老师回家时，他居然有些小兴奋地问我："云竹，我今天表现还不错吧？"我脱口而出："您这岂止是不错，您是太厉害了！"给邬老师送上了两个大大的拇指！对于邬老师而言，尽自己所能地将健康老龄化、积极老龄化这些理念传播给更多的人，对他而言是最开心、快乐的事，做这些事邬老师永远不觉得是负担，也永不言倦！

蓦然回首，我和邬沧萍先生结缘已有30多年：从1994年在书上初识"邬沧萍"三个字，引导着我推开了人口老龄化学术研究的窗门，1998年进入中国人民大学人口研究所见到传奇而真切的邬沧萍先生，到2023年在八宝山送别安卧鲜花丛中的邬沧萍大先生。先生奠基开拓的人口老龄化研究、社会老年学学科，在人民大学人口研究所、老年学研究所得到的先生的教诲和引导，奠定了我终身为之奋斗的事业基石；而在这条漫长且艰辛的学术和事业发展的旅途中，邬先生也一直以自己对这个议题的执着、专注与热情，激励和引领着我们后辈不敢松懈和放弃！健康老龄化、积极老龄化，这些先生所极力倡导和推动的应对人口老龄化的理念，现在已经成为国家的战略指导思想，后面的路还很长，先生留下的灯和光将会继续引领和照耀着我们不辍前行！

2024年7月10日于北京

邬沧萍：马克思主义人口学与老年学的先行者

朱　荟

（马克思主义）让我的世界观、人生观、价值观有了一个质的提升。对教学工作来讲，掌握马克思主义的基本原理和哲学基础，就像既获得了一个望远镜，能够站得高看得远；又获得了一个显微镜，对小问题就可以看得更加深刻。

——邬沧萍

邬沧萍先生是一位视野广阔、著作颇丰的人口学与老年学学者，更是一位深思熟虑、勇于实践的马克思主义者，他的学术生涯充满了对人口、老年问题深刻的洞察和对国家和人民的热忱。他的一生，是中国人口学和老年学发展的重要见证，也是马克思主义理论在中国具体实践中绽放光彩的生动体现。

一、以国情为基础，将马克思主义铭刻于心、贯彻于行

中华人民共和国成立之时，邬沧萍先生与夫人李雅书正在美国攻读博士。

怀揣着对故土的深深眷恋和对社会主义革命的澎湃热情，邬沧萍先生和夫人带着孩子突破重重阻拦，毅然回到祖国。在社会主义建设时期，先生不仅将全部精力投入到教育和科研事业中，更在工作之余，如饥似渴地学习马克思主义理论。邬沧萍先生说："我决定回国参加革命前，我和进步的同学学习过毛泽东同志1949年写的《历史唯心主义破产》，回国后我们也反复地学习，这篇宏文使我对我国人口问题的认识，从哲学上和政治上有了质的飞跃。"他坚信马克思主义是指导革命和建设的科学理论，马克思主义原理和方法深深地影响了他的学术历程。

从知识分子"补课"到加入中国民主同盟，邬沧萍先生从马克思主义原理的学习中汲取养分，越发"有'一览众山小'之感"。他结合当时中国人口过多（1953年新中国第一次人口普查时总人口已逾6亿，邬沧萍先生也参与了普查工作）、贫困问题突出的现实，深入思考马克思、恩格斯的人口理论，逐渐形成了自己的人口学观点。在社会主义建设道路探索时期，人口研究面临诸多争议和挑战，但邬沧萍先生始终没有放弃将马克思主义基本原理同中国人口实际结合起来的努力，这为他在改革开放新时期提出科学控制人口增长、改善人民生活质量的人口发展方略奠定了坚实的基础。

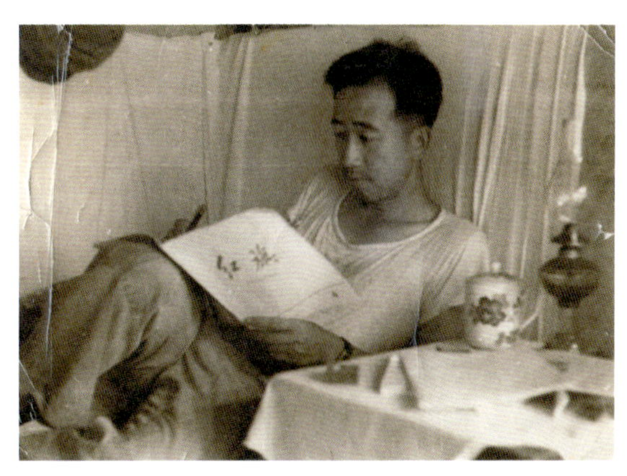

邬沧萍先生在煤油灯下学习
（图源：中国民主同盟微信公众号）

二、以实践为导向，将科学研究成果转化为政策应用

1971年联合国恢复中国的合法席位之后，研究人口问题的重要性和紧迫性凸显出来，但在苏联"人手论"的影响下，学界主流仍然将人口规模庞大看作社会主义制度的优越性所在，较少从政策层面规划人口数量与质量的发

2019年，邬沧萍先生受全国政协办公厅《委员讲堂》栏目邀请开展题为“爱国建言参政——我的民盟之路”的讲座。图为邬沧萍先生追忆改革开放新时期从事人口研究的情景（图源：中国人民政治协商会议全国委员会官方网站）

展。在此背景下，邬沧萍先生发时代之先声，参与到人口学研究机构的筹建工作中、跻身第一批人口学者之列。随着改革开放的深入推进，邬沧萍先生以“解放思想，实事求是”作为自己科学研究和政策建言的基础，积极推动人口学专业的重建，并致力于将马克思主义人口学的研究成果转化为政策实践。这一时期，邬沧萍先生充分发挥其在人口统计学、人口理论等领域的专长，撰写了新中国第一篇人口学理论文章，参与起草了新中国第一份人口研究报告。

邬沧萍先生主编的《世界人口》

邬沧萍先生认识到，人口问题不仅仅是一个数字问题，更是一个涉及经济、社会、文化等多方面的复杂问题。因此，他倡导将马克思主义理论与中国实际相结合，从国情出发，全面、系统地研究人口问题。在改革开放的时代洪流中，邬沧萍先生深刻地体会到“实践是检验真理的唯一标准”，因此他积极参与社会调查，深入了解国情民意——这些经历为他推动计划生育和环境保护政策的制定、实施提供了有力支持。在科学研究与政策实践的交叉探索中，邬沧萍先生为具有中国特色的人口学学科发展找到了宝贵的基石——“一切从实际出发，实事求是”。可以说，服务于中国特色社会主义实践是邬沧萍先生思考弥精、钻研弥深的旨归所在。

三、以人民为根本，将人民福祉作为学术研究的真旨

20 世纪 80 年代，在深入研究人口发展趋势的基础上，邬沧萍先生逐渐认识到了老年问题的重要性，将关注点转移到老年学研究上。他认为，随着社会的不断发展、生产力的不断提高，人口老龄化是必然趋势，老年学作为一门独立的学科具有重要的研究价值，因此，他积极推动老年学学科建设，数十年如一日地为发展老年学自主知识体系、培养专业人才而奋斗。邬沧萍先生对老年问题的思考也深受马克思主义的影响——他主张从马克思主义关于人的全面发展的理论出发，综合考察老年人的生活需求，推动中国老年事

2020年，邬沧萍先生在“人口老龄化国情教育大讲堂”直播节目中带来题为“存在决定健康长寿——高龄学者谈健康长寿的学问”的讲座（图源：学习强国官网）

业的全面、健康发展。

迈入21世纪，年届期颐的邬沧萍先生更加强调“人的福祉”的重要性，提出了“存在决定健康长寿”的命题。他认为，“存在”不同于既往研究关注的“环境”，前者包含了后者不涉及的物质文明与精神文明等文化形态，以及世界观与人生观等价值基础；除此之外，邬沧萍先生还特别重视“健康”在老年生活中发挥的作用，坚持推进“健康老龄化”研究与实践——这些学理关切与先生始终坚持的马克思主义唯物论和价值观紧密相关。从人口研究到老年研究，邬沧萍先生一直以人的生存和全面发展为中心，致力于全方位地审视和理解人口结构变动的社会经济根源及可能的社会经济影响，归根结底是将人的福祉作为学术研究的真旨看待。我们相信，邬沧萍先生的理念将被一代代的后继者们继承和履行，始终为人口学和老年学的发展指明方向。

四、以一生探索马克思主义人口学与老年学，成为不朽的精神丰碑

邬沧萍先生的一生，是马克思主义人口学与老年学发展的见证，他用自己深厚的理论素养和丰富的实践经验，为中国的人口学和老年学事业作出了巨大贡献。邬沧萍先生始终坚持用马克思主义理论指导实践、始终坚定地站在人民的立场上、始终强调从国情出发制定政策，他的精神值得所有学术工作者学习和传承。在邬沧萍先生的引领下，中国马克思主义人口学和老年学事业不断取得新的进展和成就，为中国的社会主义现代化建设提供了有力支持。

以实践唯物主义为基本立场，对特定社会历史阶段的具体、历史、现实的中国人口新国情进行深入剖析，特别是对人口政策与国家发展战略的思考，是邬沧萍先生马克思主义人口学与老年学的理论焦点。其包含着两个重要的理论支点：一是看待人口问题不能只站在人口、老年人口或特定

亚人群的立场，而要站在社会发展的立场；二是要正视中国的国家发展基本特征，根据中国国情走有中国特色的人口学与老年学的发展道路。基于这两个理论支点，邬沧萍先生马克思主义人口学和老年学展现出了独特的理论魅力和实践价值，为推动中国人口与经济社会的协调发展提供了有力的理论支撑和实践指导，使得中国的人口学和老年学研究跳脱出西方传统的单一学科视角框架，能够从更为宏观的、全局性的角度来理解中国人口问题和老年问题。

在服务于社会主义建设的更高尺度上，邬沧萍先生进一步确证了马克思主义人口学与老年学的伦理维度与战略价值。在“健康、参与、保障”的三支柱外，他提出了我国积极应对人口老龄化的“发展、和谐、共享”三基石，这是对我国老年人与经济社会发展状况的深刻洞察，也是对中国特色积极应对老龄化社会建设理念的独特诠释。由此，邬沧萍先生的马克思人口学与老年学不仅仅停留于对人口数量和结构等表面现象的探讨，而是深入人口学背后的人类社会发展客观规律之中，追求的是人的自由全面发展。这就是社会主义建设本身，也是满足人民群众需求与国家发展的辩证统一。

如同邬沧萍先生所言，学术研究要做到“不忘本来，借鉴外来，面向未来”。作为中国马克思主义人口学和老年学的开拓者与引路人，其学术思想所蕴含的历史价值与现实启示，在于持续与现实社会的每一个领域进行深度交融，进而实现理论对社会的真切反映与现实影响。邬沧萍先生的一生，充分体现了心怀祖国、勇于创新、甘于奉献的崇高精神，堪称一代学者的典范。邬沧萍先生的学术思想与精神财富将永远成为学术界的精神支柱，他的一生将作为中国人口事业与老龄事业发展历程中的一座巍峨丰碑，永载史册，熠熠生辉！

邬沧萍先生的一生是对马克思主义人口学与老年学的孜孜追求，也是对学术研究与教育事业无限忠诚与热爱的生动写照。他的逝世，不仅是中国人民大学的巨大损失，也是中国乃至国际人口学界和老年学界不可估量的损失。在缅怀邬沧萍先生的同时，我们更应积极传承和弘扬他的学术精神，在马克思主义人口学和老年学领域内深入耕耘，为中国乃至全球的人口与老龄问题研究贡献智慧与力量。先生虽然离开了我们，但他对马克思主义人口学和老年学的贡献不可磨灭，他考察人口与老年问题的理念和方法不曾断绝，我们后辈学者必将业绍箕裘，在先生开辟的道路上砥砺奋进、坚毅前行！

邬沧萍：老年教育，终身发展

邹　竣

去年惊悉邬老仙逝消息，即与曾经同邬老同时参加过“老年教育专题”课程教学研讨活动的夏红芳女士取得联系，由她告知有关领导得以生前好友名义，参加了由中国人民大学组织的“邬沧萍先生追思会”，会上亲友们的发言启发我从更高层面理解了邬老晚年和我们国家开放大学合作建设“老年教育学”课程的动机与意义，令我感叹老天对自己的垂爱：能够与邬老相识并共事一段老年教育事业的特殊缘分，让自己在接近老年生命的关键几步位置上，领略到“最美老人”给世界带来的满天晚霞余晖的温暖，至今想来依然感动莫名。

后来为筹备公共事业管理专科专业的新设课程“老年教育专题”走访前辈学者、召开课程调研会议过程中，了解到更多关于邬老的事迹，使我更加坚定地选择了登门求教并邀请他担任我们课程建设专家顾问。不曾想，我第一次去邬老的家，就被他陈设室的各种成就和荣誉的纪念品震慑了。多么精彩的人生，多么辉煌的业绩！后来读他的传记和学术代表著作（经他之手题赠的就有七八种），我更加庆幸自己最后十年职业生涯的“高级待遇”，最为幸福的收获便是能够得到邬老这样一位中国顶级学者的帮助和惠顾：我们率先在国内高校开

前排右一坐者邬沧萍教授，中间坐者何光荣教授，左一立者为本文作者“老年教育专题”课程主持教师邹竣副教授，后排中立者为课程文字教材主编岳瑛研究员（摄于2016年，国家开放大学（总部）教学演播室）

设的老年教育专业课程的工作，必将为我国老年社会的建设，发挥出如邬老一生所追求的生命之光“正能量”。这些年多少同事讲暗暗为我惊喜，竟然能够两次得到邬老为课程教材所写的序！我总是这样告诉同事们：让开放大学师生见到最美老人为世界留下老年社会建设的思想光辉，也正是我们的时代机遇，我们课程组就是要用学科创新的努力，承载一位又一位学术长辈终身学习的光辉榜样，正如当年孔子所主张的“叩其两端而竭焉”，当代的邬沧萍教授，不也创立了人间独特的“生死之学”，给我们优秀的文化又创造出一个永恒的注解！

一、劳动创造幸福人生的光辉榜样

邬老的超级勤奋是所有认识他的人都有的一个基本的共识。熟悉邬老生平的朋友还会有一个类似的看法，老人家的勤劳是一辈子的功德。这在我们国家的历史中，经历重大社会变革而初心不改的爱国人士之中，也可以说是一项共同的品格。得益于幼年家庭教育的影响，少年时代求学诗书并能以小楷应试获得学业成就的机会，我们可以想象出邬老成功人生的关键，如同历史上文化名流家教的传统，是他得益于良好的家庭教育，从小养成了劳动的习惯，以致于形成终身热爱劳动的朴实人生风格，蕴化出乐观善良的人格力量，成为他战胜各种诱惑和挑战，坚定为人民服务、为国家效力的崇高理想与崇高道德力量的来源。因为他早年在美国读书的年代，就是通过自己勤奋努力得到的机会，在国外学习新的学科专业的同时，接受时代新思想马克思主义的影响和教育；青年时代他坚定回国来建设新中国的抱负和理想，是支撑了他一生顽强奋斗的正能量。他用自己亲身的体验，辩证对待人生苦难的体验，深刻认识到“劳动创造了人类”这个基本规律的哲学观点的力量，终身保持了崇敬劳动和劳动人民的习惯，包括晚年每天必须坚持的保持身体得到锻炼的习惯，明确提出“社会存在决定寿命”和“勤者寿”两条长寿哲学观点，都为我们老年教育学的原理提供了见证生命力量的真实案例，阐释出一位学术老人亲力亲为保持生命活力的光辉榜样。

二、学术为人民服务的正确方向

邬老对学术创造的追求是无穷尽的，而他一切学术工作都有一个明确的指针，就是学术要为人民服务这个正确的方向。两三年前，我们老年教育专题课程组数次聆听了他自己对早年留学美国的一些回忆。他曾经提到自己当年要去选学美国大学里的课程，人家一个学分要收的费用，超过了旧中国当时一个劳动力人口一年的收入，这对他的刺激和影响十分巨大，同时也激发出他在关键时刻做出回国来为中国人民建设新中国服务的内心强大动力。早期他运用在国外学习到的统计学知识参与中国人口学的开创事业，较早认识到在社会主义条件下，人口死亡率大大降低，人口增长规律放大实行计划生育紧迫性的判断，以及 20 世纪 80 年代开始，跟随世界老年社会问题应对之策的研究，特别是在他晚年的老年教育学术工作中，我们都能看到他所信奉的人民立场，铸就了他对老年社会追求“人生百年”的价值判断，也助成我们老年教育专题课程所形成的一个基本的学术主张：老年教育的基本价值是创造“积极、健康、长寿、幸福的老年社会”，从而落实全心全意为人民服务的政治立场。记得他曾经在我们审定课程大纲的时候，针对一些畏难情绪和消极看法，鲜明地提出就是要大力提倡老年教育，因为中国的老年人口基数很大，社会发展不充分不均衡的矛盾突出，国家开放大学正有这个全民教育的优势来发展老年教育。“如果开放大学都不搞老年教育，还办开放大学做什么！”我从邬老的发言中听到了中央要求“依托国家开放大学筹办国家老年大学”政策的先声，对一位学术前辈的拳拳爱国之心和坚守人民性的学术立场，从我们携手创立老年教育学这一件早期的工作中，备感亲切，深受鼓舞，多次告诉身边的青年老师：这就是邬老终身追求的事业，不仅是对合作项目的工作，也同时是对我们这些有缘人在老年教育创业过程中的言传和身教。

三、终身学习实现人类真实理想

邬老晚年重视帮助亲近自己的人学习社会正能量，辅导身边家政服务员学会看书读报、收集重要学术资料、学会打字，成为自己晚年学术工作的助手，同时积极开展教学合作交流、参与年轻学生的课题研究和学术会议，指导自己的研究生开展深入社会实践一线的调查研究，据我了解基本都是围绕老年人的生活实际来开展的。他的年轻博士生彭青云老师曾经接受我的建议，进行了一次北京一路公交车上老年人出行问题的社会调查研究。邬老对此给予高度重视，并且亲自指导学生做结论时，要立足于严格规范老年人利用公交出行，防止过多占用公共交通资源，影响上下班高峰时段学生和中青年人群的实际利益，同时政府和社会应该积极创造条件，帮助老年人保持和社会密切联系的方便出行条件。这件事情我和邬老的看法虽然并非完全一致，回来一分析差异形成的原因，才意识到邬老一生已经养成一切事情严于自我要求的习惯，“活到老，学到老，改造到老”的精神，在他这样一代老年知识分子群体中，是已经具备的基本道德素养。在他看来，通过终身学习，不断参与社会，从而最大程度地融入为人类理想而奋斗的社会建设洪流之中，这才是中国成功老年人内在精神应有的核心动力品质。

邬老在学习上的持续用功，还体现在他对外语资料的重视上面。大前年春节期间，知道他又在研究从美国带回来的一份英文资料，我便请他借我复印后学习学习。他十分愉快地给我这份资料的内容，并告诉我重要的地方，他已经看过三四遍，每次都用不同颜色的笔加上批注，画出重点符号、标注上初步的中文翻译词汇。他讲，这份资料是我们讲“大健康”的重要参考，我们讲老年教育就是要从每一个人的终身学习出发，寻找出全人类的未来图景。记得我对于一些西方流行词汇的了解，如“黑天鹅”与“灰犀牛”事件之类的风险表达方式，也是在邬老会客厅首先听到的。邬老分别在2015年和2021年两次为我们课程文字教材作序，其中提到与我们这门学科建设相关的世界性研究线索，包括：1956年联合国《人口老龄化及其社会经济后果》一书出版；1965年法国学者朗格让在联合国教科文组织的成人教育会议上论述了终身教育的思想，并于1970年发表《终身教育引论》；联合国教科文组织在20世纪70年代提出“人类要向着学习化社会前进”；1982年第一次世界老龄大会在维也纳召开，提出“教育作为基本人权，提供教育必须避免对年长者的歧视”；1992年我国《教育大辞典》为“老年教育”定义的对象范围只包括“老干部”和“老职工”，到2007年中国老年大学协会将老年教育的对象扩大到所有老年人；1994年11月，在罗马举行的首届“世界终身学习会议”又提出“终身学习是21世纪的生存概念”的思想；1996年至2018年我国制定和不断修订修正完善《中华人民共和国老年人权益保护法》；1998年联合国秘书长安南认为，目前人类已进入长寿时代，这是生产力发展的成果；2002年在马德里召开的第二次世界老龄大会提出“教育是积极而充实生活的重要基础”“知识社会要求制定保证终身都能够获得教育和培训机会的政策，老年人也应获取教育和培训的机会”。邬老主张：与时俱进地认识老年人学习与教育的必要性和重要性；充分认识老年人学习和教育的可能性和可行性；老年人学习和教育是积极应对老龄化的重要举措；把老年人的学习和教育同老年人社会参与相辅相成，融合在一起；大力推进方兴未艾的老年教育，依据《国家中长期教育改革和发展规划纲要（2010—2020年）》，老年教育是继续教育的一个重要形式，又是终身教育必不可少的组成部分，“十四五”规划提出“实施积极应对人口老龄化国家战略”，把老年教育的重要性又提升到一个新的高度。

四、健康长寿学术养生重在平常

十余年与这位中国人口学和老年学的开创者交往，让我在老年长寿哲学这个主题上，多次向邬老讨教“长寿之道”这个世间人们所关注的重大话题。多少人知道邬老真实年龄前都会为他的亲和力所感染，在认识到他就是身边的“活神仙”之后，又会为他的正能量所感动。在他为我们写的第一篇序（2016年）中提到：“我的一位老友周有光已经110多岁了，他在90多岁时，经常发表文章和出版书籍，笔耕的效率比我高得多，也证明老年人是有学习能力的。”“当今人类寿命延长，进入老年期后，通常还有二三十年的存活时间。”“社会迅速发展，新事物层出不穷，老年人融入社会和参与社会就不能不学习和接受教育；即使是老年人中的精英人士，在社会参与中，也要不断学习新知识和技能，才能够适应时代的步伐。”在他给我们的第二篇序（2022年）中，他特别提到：“我国即将进入‘人生八十’的高龄时代。预计到2050年，将有数以亿计的耄耋老人会成为我们远程开放教育这个朝阳产业所关注的重点。这是一片耀眼的人生夕阳美景。根据目前对生命科学的认识，人的寿命可以达到120岁，想要实现健康老龄化和积极老龄化，让绝大多数老年人过上健康、有活力的生活，减少对社会的依赖，老年教育需要做的事情还有很多”。在邬老思想的启发下，我在第二版文字教材《老年学习与教育》重点章节《老年期生命健康维护与文化养生》中提出：“文化养生继承了我国传统养生学的理论依据，汲取了道家哲学和儒家思想的精华。”“文化养生的基本内涵是指运用适宜的文化资源，个体习得文化水平与社会文化发展对个人成长的影响力，综合作用于老年人的日常生活，从而引发老年人生命过程中的积极健康正能量，达到调适身心、愉悦精神、保持健康生命状态，从而实现生命的价值提升，充分享受健康长寿的老年生活。”2020年秋天，我在邬老安排下参加了中国老年学和老年医学学会主办的“健康长寿专家共识”成果发布会，获赠由他和刘维林会长等核心专家签名的最新著作，感慨我们一度讨论过的“老年教育：七十五岁之前努力为八十五岁之后做好活够一百岁的各项准备”，正如九大学科领域的专家们的共识，真是印证了一句古话：“英雄所见略同”！

老年教育，真的就是人口学理论体系中的“新质生产力”。因为这是一门终身的学问，是为人“由出生到死亡”的全过程服务的学术。截至目前，仅有邬老在其漫长的百年人生中，成功地将终身学习转化为助力他人终身成长的学术支持。

纪念邬老，感恩他，为他点赞，向他学习。

邬老
——我心目中永远的“顶级”大家

李娟娟

一、平易近人和蔼可亲的“顶级”大家

第一次见到邬老，是在2016年5月。那一年，我受江苏人民出版社与中央电视台联合出版的“大家丛书”编委之邀为邬老书写传记，也从此有幸结识邬老。

《大家》原是中央电视台于2003年5月正式播出的一档大型人物访谈栏目。先后播出了季羡林、钱学森、陈省身、启功、袁隆平、屠呦呦等我国各领域大家后，不仅让观众受到深刻的爱国主义教育，更因为其深厚的文化底蕴而深受广大观众的喜爱。几年后，鉴于《大家》栏目的深远影响，中央电视台科教节目制作中心又与凤凰传媒集团江苏人民出版社联合打造出“大家丛书”，即从出镜《大家》栏目的几百位“大家”中再选出100位“大家”为他们书写传记。邬老作为中国老年学研究学术界的奠基人和领军人，不仅出镜了当时中央电视台著名的《大家》栏目，还被“大家丛书”编委选定为其出版传记。因此邬老在我心中的位置，既是中国当代著名的“大家”，更是《大家》中的“顶级”，而能够为邬老写传记，无疑是我的荣幸。

怀着这样一份对邬老的崇敬之心，我开始了对邬老的第一次采访。没想到

我心目中高山仰止的“顶级”大家，不仅精神矍铄，更是一位平易近人、和蔼可亲的老者！这也是我结识邬老后，他给我的第一个深刻印象。

而对邬老的平易近人、和蔼可亲体会最深的莫过于平日里照顾他生活起居的家政服务员红芳了。邬老生前曾在《百岁人生——邬沧萍口述实录》一书中说，我现在每天还能够学习工作五六小时，这除了得益于时代赋予我学习工作生活的良好环境外，还要感谢红芳，她不仅是我生活上的好帮手，更是我学习研究和工作的好助手。

红芳则说自己很幸运能在邬爷爷身边工作。她回忆说，我是二十多年前从安徽无为老家来到北京邬爷爷家中，从照顾重病的奶奶开始做家政服务员的。来之前我就想，一定要把分内的工作做好，因为我知道，当时的邬爷爷是一名教授，虽然已经 80 多岁，但仍然在工作，而且身体健康、头脑清晰，所以对人要求也一定很严格。可是第一天我就看到，有学问的邬爷爷待人善良又热情，一点架子都没有……我没想到，文化高深的邬爷爷不但知识渊博，还那样慈祥可亲。除了从不对我提苛刻要求外，吃饭时，也从没有主次之分，总是大家坐在一起，有说有笑的，真像在自己家里一样呀。

还让红芳感动的是，邬爷爷不单是对她，对身边的人也很关心。比如对他的学生，也都像对待儿女一样既热情又亲切。有时学生们来到家中，邬爷爷指导完他们的学术论文后，就一定要留下吃饭，还嘱咐红芳把饭做得丰富些。学生们毕业后虽然各自到了不同的岗位，但他们很多人都和爷爷一直保持着几十年的联系。

与保姆夏红芳合影

邬老还支持并帮助红芳学习电脑，终使红芳又成为帮助邬老整理文件和使用电脑的一个好帮手。因此红芳说，我能够从一个普通的家政人员成为协助邬爷爷学习和工作的助手，离不开爷爷的关心和帮助。我很高兴，也很幸运，因为邬爷爷不但知识渊博学问高深，而且平易近人、和蔼可亲、乐于助人……

这就是邬老，一个令人敬仰的“顶级”大家，却是那样平易近人、和蔼可亲！

二、一腔爱国热血的“顶级”大家

邬老在美国留学时面对高学历高薪等优越生活的诱惑，毅然返回家乡报效祖国，如此的一腔爱国热血曾令无数人敬佩。邬老说，他的爱国情结最早始于童年，虽然那只是懵懂的爱国热情。那是邬老在 5 岁上幼儿园时，正是国共两党第一次合作的大革命时期，当时革命浪潮在广州更是遍及各个角落，从军队到学校，处处都是高喊口号、大声唱歌的激烈情景。所以当时印象最深乃至近百岁时邬老仍然能够清楚地唱出那首难忘的歌：“打倒列强，打倒列强，除军阀！除军阀！努力国民革命，努力国民革命，齐奋斗！齐奋斗！……”

唱着“打倒列强”的懵懂激情，走进小学的邬老在“九一八”事件后，心中正式萌生了爱国主义的情怀。就如邬老在 95 岁时回忆的那样：“至今仍然记得在广州五一小学上学时，校长对我们全校师生说‘我们的东三省丢了’时痛哭流涕的情景，从那时起，我就知道了日本鬼子是占领我们国土的仇人。那是我第一次受到的爱国主义教育……”

而最让邬老难忘的，也是在邬老心中开始深深埋下爱国种子的爱国主义教育，是邬老中学时代就读的广雅中学。邬老回忆说：“最让我难以忘怀的，还是广雅中学给予我的爱国主义教育。今天回想起来，广雅的一切一切，无论是学习和各类活动，还是我终生难忘的爱国主义教育，都给我留下了深刻的记忆。”

邬老还说：“我在广雅中学最早接受的进步爱国思想教育，应该是在学校里对各种进步书刊的阅读。我当时虽然只是一名走进校门不久的初中学生，但却在学校进步学生发起的街头游行、全校罢课等抗日救国宣传活动中，亲身感受到中国人民日益高涨的抗日爱国情怀……我一直认定，那是广雅中学在我心中深深埋下的一颗爱国的种子……中学时代的我亲历了一场抗日救亡的学生运动。更重要的是，在国家生死存亡之际，我能够与国家民族同呼吸共命运，把澎湃的爱国情怀植根于心中。”

而正是邬老“与国家民族同呼吸共命运，把澎湃的爱国情怀植根于心中”的高尚情操，让他和夫人放下已经拿到的美国名校硕士学位和即将攻下的博士学位，放弃不菲的奖学金毅然返回祖国……

谈起这些，邬老仍为自己当年的选择感到自豪：

“我虽然自幼生活在一个比较富裕的家庭环境，没有吃过苦，但我从学生时代开始，就一直受到爱国进步思想的影响，不管是学生爱国运动，还是阅读进步书刊，都对我有很大影响。我们在美国留学 3 年多，虽然一直受各种舆论的影响，但在我的心中，爱国主义始终是主流。当年选择回国，主要还是爱国思想。所以后来有人问我当初为什么选择回国时，我回答说：‘中国人回国还需要理由吗？留在美国才需要找借口……’”

这就是植根于邬老心中的爱国情怀，这澎湃的爱国激情，更是感动了无数人，让他们对邬老的敬佩之情油然而生。

三、勤奋学习紧跟时代——永远的“顶级”大家

和斐然的学术成就同样灿烂发光让人敬佩的，就是邬老永不言弃的勤奋学习。晚年的邬老曾经说过，这些年，我从未中断学习，也从未停止对老年学的研究。让人敬佩的是，晚年的邬老不仅勤奋学习研究，而且著作频出，硕果累累。对此，邬老也曾回忆说：

“我是在 2005 年正式办理的退休手续，那一年，我已经 83 岁了。在一般人的心目中，这个年龄可能已经是垂垂老矣的暮年了。但我却觉得自己还是‘正当年’。因为我早在退休前的 11 年，就提出了健康老龄化的问题。

“自从我的《提倡“健康的老龄化”》一文发表在 1994 年 7 月 29 日的《人

民日报》上以后，我就一直要求自己，必须亲身参与。因为只有这样，才能更有力地说服别人，才能让自己真正成为健康老龄化的提倡者和践行者。因此我一直坚持学习研究的是英文版的《人口老龄化和社会经济后果》。这是国际上从人口学到老龄学研究最早的一本著作。作者也很有名，他的学生还专门出版了世界各国人口老龄化的丛书。目前我国还没有翻译过来的中文版。我在参加国际会议时，曾在开罗、日本复印过一部分。这本书是我的学生杜鹏帮我找到的。

“曾有人很惊讶我能够在晚年仍然著作频频，我想，如果你知道我每天仍然读五六小时的书，如果你翻一下我这本英文版的《人口老龄化和社会经济后果》，会看到几乎每一页上都有各种标注，不管是直线、曲线，还是三角、圆点，那是我用放大镜认真阅读后留下的痕迹……你就能够理解，为什么我在退休后仍然出版了《人口学学科体系》《人口、资源、环境关系史》，以及《老年学概论》等著作。”

进入21世纪后，已是耄耋之年的邬老仍然勤奋学习，笔耕不辍，用他的话说就是对老年学的研究仍然在“进行时”。辛勤的付出也让邬老先后出版了《邬沧萍自选集》《从人口学到老年学》《老龄社会与和谐社会》《全面建成小康社会　积极应对人口老龄化》《老年价值论》等多部著作。可喜的是，邬老的这些著作，还先后被教育部、北京市、新闻出版局等评为一等奖、二等奖、全国优秀图书奖并成为国家重点图书。

一直到2020年，98岁的邬老仍然积极组织编写《新修社会老年学》。

面对大家的称赞，邬老说：“我认为越是年岁大了，越是要多学习，不然的话，你就会与时代脱节。也许这就是我仍然每天都坚持学习的原因吧，我坚信，只有不断学习，才能不断提高，才能永远与时代合拍。”

为了紧跟时代，邬老除了勤奋学习，更积极接受微信、流行的网络语言等新鲜事物。他说：“我一直不给自己冠以‘电脑盲’‘微信盲’‘网络盲’等头衔。虽然因视力不行我不再打电脑，但是我会用微信。对流行的网络语言，我也总是及时了解，让它在我这里不陌生，让我感到没有落后于时代……”

2020年4月17日，98岁的邬老以“存在决定健康——高龄学者谈健康长寿的学问”为题，成功完成了直播首秀。邬老的首次直播，立即引起了媒体的热评。从“98岁老教授开直播不含糊”的标题，到“你能想象，当年近百岁的学术‘大咖’触网直播，是一种什么画面吗？”战“疫”这一年，98岁的中国人民大学荣誉一级教授，我国人口学、老年学的开拓者和奠基者邬沧萍也玩起了直播，作为高龄学者，他分享健康长寿之道，谈论学术观点，并为“00后”遥寄“云寄语”的热评，都深深吸引了广大读者。

谈起自己的直播首秀，邬老也很兴奋，他说：“想起来，我一直为我能够在当今这个时代，在我这个年纪还能做直播感到高兴。尤其是对年龄大的人，简直是有些神奇的不可思议！这就是我为什么至今仍然要求自己不断学习的原因，只有学习新东西、新事物，才能够了解当今不断发展的社会，才能够跟上时代的步伐。

“我的直播首秀进行了一小时，事后很多人给我的评价仍然是‘一小时洋洋洒洒，声音洪亮，全程脱稿……’

“我的直播首秀虽然很简单，又没有年轻人惯用的弹幕、刷礼物什么的花哨设置，但因为我讲的内容很丰富，观点也很鲜明，所以观众评价说：这一次战‘疫’直播讲座，不仅吸引了许多网民线上收看，还受到了高度认可和一致好评。媒体也评论说……依旧助邬沧萍‘实力圈粉’，吸引1.3万多‘粉丝’在线观看……”

这就是我们的邬老，一位平易近人、和蔼可亲的邬老，一位满含一腔爱国热血永远勤奋好学的邬老！我心目中永远的“顶级”大家！

邬老，我们永远怀念您！

从左至右：李娟娟，邬沧萍，孙鹃娟（摄于2021年）

初心所系，必得始终

——记邬沧萍老年学发展基金的诞生

高　宏

2018 年 4 月，我来到学会工作，在之后的很多学术活动和会议上经常能看到邬老的身影，远远地聆听邬老的发言，特别是在每年的学术年会上，都能听到邬老对老年学的新思考、新认识，每次听后我都有新的收获和启发。当时我就在想，这是怎样的一位学者，90 多岁了还活跃在学术的一线，不断地思考探索，不断地有新的理论创新，实在让人敬佩，也让人好奇。想着有机会一定要近距离接触这位学术泰斗，陶冶一下自己的学术气质。

2018 年开始，学会连续承办了“中央和国家机关离退休干部人口老龄化国情教育大讲堂活动”，学会领导安排我具体负责执行。活动开展得很成功，受到了中央国家机关和老干部们的一致好评，上百位老年学和老年医学的顶级权威专家在活动中陆续开讲。在活动推进过程中，我们发现大家对健康长寿的内容高度关注，所以也一直在策划这方面的内容，2020 年春节后，我向刘维林会长作了专题汇报，在刘会长的指导下，我们开始准备邀请邬老现身说法，讲一次关于健康长寿的内容。在姚远副会长的帮助下，我们很快联系上了邬老，确定了题目：存在决定健康长寿，并且以直播的形式开讲。

这是邬老人生中的第一次直播，为了保证直播的效果，我们两次到邬老家中和他沟通直播的注意事项，调试直播设备。邬老特别认真严谨，对于镜头的角度、他坐的位置高度、灯光等都一一反复调试，直到特别满意为止。

“大家上午好！今天，我很高兴有机会来大讲堂，跟大家一道探讨中国人口老龄化的问题。我今年 98 岁，准确地说，是 97.6 岁……”这是 2020 年 4 月 17 日上午 10 时，邬老的直播首秀，也是“人口老龄化国情教育大讲堂”战“疫”特别节目的收官之作：背后是大红的横幅，眼前是直播镜头，身着蓝色西装、佩戴红白条纹领带的邬老为大家带来精心准备的《存在决定健康长寿——高龄学者谈健康长寿的学问》。

直播画面中，邬老声音洪亮，全程脱稿，一个多小时洋洋洒洒的讲课中，他分享了一个核心观点：人类的健康取决于人类生存、生活的外在环境条件和人际关系等，还取决于人们一生的经历和遇到的所有事情。结合肆虐全球的疫情，邬老谈道，一直以来，全世界都认为发达国家的老年人绝大多数死于无传染的慢性病，只有发展中国家有相当一部分老年人死于传染病，“这次疫情显示，发达国家的老年人传染率比较高，死亡率也很高，这与其社会制度有关，医疗卫生政策在保护全民健康方面所存在的公平公正问题值得深思”。尽管没有年轻人惯用的弹幕、刷礼物等花哨设置，但鲜明的观点和丰富的内容，依旧帮助邬老“实力圈粉”，吸引了 1.3 万人在线观看。一名网友特意留言：“仁者寿，勤者寿，乐者寿。邬老已近期颐，长寿人分享长寿研究，很受启发。”

而大家不知道的是，考虑到年龄因素，原计划我们准备安排邬老讲 45 分钟，再由姚远副会长讲 45 分钟，结果邬老一口气讲了一个半小时，让我们佩服不已，观众们也是大呼过瘾。为了“备课”，邬老认真准备了一个多月，不仅系统梳理了国内外关于健康老龄化的最新研究成果，还结合多年治学所获，凝练出核心观点。“我就是直播界的小学生！”他虚心向亲朋好友请教直播知识和网言网语，正式直播前还预演了好几次。

新型冠状病毒感染疫情三年和邬老近距离接触的机会不多，直到 2023 年二三月的时候听到邬老住院的消息，心里一紧，很是担心，默默地为他老人家祈福。

6月13日，消息传来，邬老还是永远地离开了我们。6月17日上午在八宝山革命公墓参加了邬老的遗体告别仪式。邬老是孜孜不倦治学育人的“大先生”，是治学报国、老有所为的楷模。他是中国老年学和老年医学学会第一届理事会副会长、第二届理事会会长、终身荣誉会长。邬老不仅是中国人口学、老年学的开拓者和奠基人，也是中国老年学和老年医学学会主要发起人和领导者。他的逝世，是我国人口学界和老年学界的重大损失。我们沉痛悼念并深切缅怀邬沧萍教授！

为了继承发扬邬老的学术思想理论，践行积极应对人口老龄化国家战略，推动创建应对人口老龄化的中国方案和中国理论，2023年6月，刘维林会长和杜鹏副校长提议：设立邬沧萍老年学发展基金，用于促进和推动我国老年学、人口学的学科建设、学术发展，为全球老龄社会治理提供更多中国智慧、中国经验。

刘会长安排我和学会公益基金管理部具体负责基金的筹备工作，接到任务后，我内心特别激动，既感到责任重大，又感到使命光荣，不敢有任何的懈怠，马上开始着手拟定基金的筹备方案。设立基金的提议很快得到了中国老龄事业发展基金会于建伟理事长的积极响应和大力支持，并给予这只基金特别的重视，具体流程上也是特事特办。

8月30日，邬沧萍老年学发展基金第一次筹备会在中国人民大学举行，刘维林会长、杜鹏副校长、于建伟理事长、姚远副会长和相关负责同志参会，会议商定了基金的筹备方案，明确了筹委会名单、基金的用途、规模、募资对象等重要工作安排，决定在9月24日邬沧萍学术思想研讨会上正式成立邬沧萍老年学发展基金。

9月初，中国老年学和老年医学学会捐款50万元，学会分支机构：心血管分会、健康养老用品与服务分会分别捐款10万元，老龄传播分会捐款2万元，标准委员会、慢病远程与智能管理分会、骨质疏松分会分别捐款1万元，湿病医学分会、社区居家养老分会、保健康复分会也分别捐款5000～6000元不等。

个人方面，刘维林会长率先垂范捐款2万元，王卫星主委捐款2万元，姚远副会长、翟静娴秘书长、王斌理事、杨勇常务副秘书长、高宏副秘书长分别捐款1万元。中国老年学和老年医学学会合计捐款77万元。

中国老龄事业发展基金会捐款30万元，华龄出版社捐款30万元。

经过紧张的筹备并与多方联络，设立邬沧萍老年学发展基金的提议还得到了足力健董事长张京康（捐款2万元）、河北大学教授张岭泉（捐款1万元），邬老师门、学生及社会各界的积极响应和大力支持。

截至9月23日，一期共募得善款：152万元。

9月24日，邬沧萍学术思想研讨会在中国人民大学逸夫会议中心召开，会上宣布成立“邬沧萍老年学发展基金”。基金由中国老年学和老年医学学会、中国人民大学人口与健康学院、中国老龄事业发展基金会、华龄出版社等单位共同发起。

2024年5月7日，邬老子女：邬天方、邬京芳专程来学会，与刘维林会长、于建伟理事长、杜鹏院长、周宏副社长交流座谈。他们表示，作为邬老的子女，衷心感谢大家对邬老的关爱和继承发展邬老未竟的中国老年学事业的意愿！他们提出以父亲邬沧萍和母亲李雅书的名义向邬沧萍老年学发展基金捐赠人民币100万元，完成邬老遗愿。希望基金可以绵延久长地做下去，并且通过基金能培养更多在学术上、事业发展上起到带头作用的突出人才。

随后，中国人民大学人口与健康学院杜鹏院长捐款2万元，黄石松教授、孙鹃娟教授、侯佳伟教授、杨庆芳副教授、罗圣华先生分别捐款1万元，中国老龄事业发展基金会理事长于建伟捐款1万元，北京大学陈功教授捐款2万元，陆杰华教授捐款1.1万元，南开大学原新教授捐款1.1万元，河北大学王金营教授捐款1.1万元，南京大学陈友华教授捐款1.1万元。爱心企业中德双元教育投资（海南）有限公司捐款5万元。

截至6月12日，二期共募得善款：122万元。

2024年6月13日（邬老逝世一周年），在由中国老年学和老年医学学会、中国人口学会、中国人民大学人口与健康学院、中国老龄事业发展基金会主办，邬沧萍老年学发展基金支持的2024邬沧萍先生学术思想研讨会上，宣布成立“邬沧萍老年学发展基金”管委会，并公布了基金管理办法及重点工作，刘维林担任管委会主任，杜鹏担任执行主任，邬天方、邬京芳、周宏担任副主任，高宏担任秘书长，孙鹃娟担任副秘书长。现场还举行了颁发捐赠证书的仪式和基金资助的《邬沧萍纪念文集》的征文启事和出版准备工作。

未来邬沧萍老年学发展基金将持续支持老年学相关课题研究，制定课题研究立项标准，符合标准范围即可申请基金支持，包括课题的研究、成果的发布和出版等；计划从2025年开始，在中国老年学和老年医学学会年度学术大会上设置邬沧萍老年学学术贡献奖，并联合其他老年医学基金会设立老年医学学术研究贡献奖；举办老年学高级研修班，面向高校教师、养老行业人才招生，所收费用全部捐赠至邬沧萍老年学发展基金，用于基金的长期发展。

邬老永远离开了我们，但邬老的学术思想将不断发展传承，源远流长。非常幸运，我可以近距离接触邬老，聆听他的讲话；也非常荣幸，我可以参与邬沧萍老年学发展基金的筹备和发展。邬老勤奋的工作作风和深厚的学术底蕴为我们树立了榜样，他的学术思想引领了中国老年学的发展方向，并激励我在工作中作出更大的贡献。

2024年6月29日

邬沧萍教授：我心中的学术巨擘与人生楷模

张兵兵

在历史的浩瀚长河中，总有那么一些杰出的人物，他们凭借非凡的才情和卓越的贡献，成为时代的璀璨星辰，邬沧萍教授正是这星辰中熠熠生辉的一颗。他不仅是改革开放新时期中国人口学、老年学学科的重要开拓者和奠基人，更是中国老龄问题研究的先行者和引领者。他的一生与中国人口学和老年学紧密相连，他用智慧的火花点燃了这两大领域的探索之旅，照亮了后来者前行的道路。

邬沧萍教授在学术界享有崇高的地位，曾任中国老年学和老年医学学会第一届理事会副会长、第二届理事会会长，中国老年学和老年医学学会名誉会长和老龄智库专家。他经常受邀出席学会的各项活动和学术盛会，我有幸多次在不同的会议或活动现场目睹邬教授的风采，聆听凝聚着深厚智慧与独到洞见的精彩报告，如春风化雨般给予我无尽的启迪，令我满怀敬仰之情。

尤为一提的是，与邬教授的两次近距离接触尤为令人难忘。2012 年 7 月 7 日在广州市广东松园宾馆举办的“2012 首届中国敬老养老助老社会责任高峰论坛”上，邬沧萍教授虽已年届九十，但精神矍铄。在会上他发表了题为“敬老助老养老是全社会共同的责任”的主题报告，并提出了诸多新颖而深刻的观点，如“敬老助老养老是社会共同的责任，是社会责任和社会公德的基本要求，是我国社会可持续发展和社会和谐的必然要求，也是全世界文明社会的共同价值观。老年既是敬老助老的受惠者，也是积极老龄化理念下的社会贡献者”等，这些观点都在论坛上得到了精彩呈现，不仅是对社会责任的深刻阐述，也体现了对老龄问题的独到见解，给与会者带来了深刻的启迪。

邬教授是广东番禺人，此次莅临广州参加会议，他备感喜悦。会议结束后，我们与邬教授及各位与会专家一同登上游轮，共赏广州迷人的夜景。随着游轮缓缓前行，邬教授兴致勃勃地与我们分享起他年轻时在广州求学的经历，讲述那些充满青春与梦想的岁月。他的讲述中既有对过往时光的深情回忆，也有对家乡日新月异变化的由衷感慨，更有对祖国繁荣昌盛的无比自豪与骄傲。每一句话都饱含着他对过去的怀念和对未来的美好期许，这使我对这位学术巨擘的

2012年7月7日，广州“2012首届中国敬老养老助老社会责任高峰论坛”
（会后在广州游轮上作者张兵兵与邬沧萍教授合影）

2015年8月15日，中国老年学和老年医学学会“老龄智库”专家委员会成立仪式暨学会“十三五”科研规划研讨会（会前作者张兵兵与邬沧萍教授合影）

敬仰之情更加深厚。邬教授面对困难与挑战时的无畏勇气和坚定信念，不仅让我领略到了学术大师的风采，更给予了我深深的启迪和鼓舞。

另一段深刻的记忆定格在2015年8月15日，中国老年学和老年医学学会的“老龄智库”专家委员会成立仪式暨学会“十三五”科研规划研讨会在北京隆重举行。93岁高龄的邬教授亲临会场并发表了讲话，使每一位与会者都深感荣幸和受益匪浅。尽管年事已高，但邬教授依旧步履稳健，精神矍铄，声音洪亮，思路清晰，展现出非凡的活力与智慧。在讲话中，邬教授分享了自己多年的研究经验和学术思考，对“老龄智库”专家委员会的成立表示了热烈的祝贺。他深刻阐述了老龄问题的紧迫性和重要性，并对学会“十三五”科研规划提出了宝贵的建议。他呼吁大家共同努力，为推动中国老龄事业的发展贡献智慧和力量，展现了他对老龄事业的无限热爱与执着追求，传达了他对学术的敬畏和对未来的期许。这次会议不仅是一个学术交流的盛会，更是一个思想碰撞、启迪智慧的盛会，激发了与会者对老龄事业的热情和思考。他的存在和贡献，无疑为这次会议增添了浓墨重彩的一笔。

会议结束后，我有幸负责护送邬教授回家。在途中，邬教授宛如一位慈祥的长者，他关切地询问我的工作情况，并鼓励我继续努力。同时，他还分享了许多关于健康长寿的秘诀，特别强调年轻人不应过度追求减肥，而应把健康放在首位，多参加运动，培养健康的生活习惯。他还风趣地讲述了用老鼠做试验的故事，以此来强调适度饮食对于长寿的重要性。当车抵达他家楼下时，他微笑着想要拒绝我的搀扶，说："不用啊，我自己能行。"我笑着回应："安全送您回家是我的任务，我必须确保您的安全。"就在这时，一辆自行车突然从我们身边疾驰而过，他迅速地拉了我一把，并幽默地说："男士要保护女士啊。"我们都笑了，笑声中充满了温暖与亲切。邬教授的和蔼可亲、平易近人、睿智风趣给我留下了深刻的印象。在我眼中，他不仅是一位学术泰斗，更是一位令人敬佩的长者。

然而，我对邬教授的真正了解是在 2021 年到学术部后，有幸参与《百岁人生——邬沧萍口述实录》出版前的筹备工作。在协助作者和编辑整理书稿的图片和文字过程中，我得以预先深入阅读了书稿，从而对邬沧萍教授一生的学术轨迹和人生故事有了更为深刻的理解，真切地感受到了他深厚的学术底蕴和高尚的人格魅力。

在精心筛选和整理插图的过程中，我仔细端详了每一张照片。这些照片仿佛历史的见证者，记录着邬教授从年轻时的热情奔放，到中年时的孜孜不倦，再到晚年时的泰然自若。他的眼神始终坚定而深邃，透露出对学术的执着追求和对生活的无限热爱。他的形象则彰显出谦逊、和蔼与睿智并存的气质和修养。在认真通读书稿审校的过程中，我被邬教授的故事深深打动，他的爱国情怀、高尚的人格魅力、严谨的学术风范和勤奋精神，无不令我深受触动。

邬教授始终屹立于学术前沿，不懈地探索人口学与老年学的深奥领域。他不仅是积极老龄观与健康老龄化的积极倡导者、有力推动者，更是这一理念的坚定实践者和亲身见证者。他提出的“创建健康老龄化社会”的构想，以及“社会存在决定健康长寿”的独到观念，还有“仁者寿、勤者寿、乐者寿、智者寿”的深刻论断，都为老龄化问题的研究开辟了全新的领域和思路。在健康老龄化、积极应对人口老龄化、老年价值论等方面，邬教授的学术思想和实践指导已经成为中国制定并实施积极应对人口老龄化国家战略的重要参考。他的理论观点和研究方法不仅为我国的学术研究提供了宝贵的借鉴，也赢得了国际学术界的广泛认可和赞誉。邬教授始终将个人的学术研究与国家的发展、人民的福祉紧密相连，展现了一位学者对国家、对人民的深厚情感与责任担当。他勤奋探索、勇于创新的精神，严谨治学的态度，以及乐观面对生活的心态，皆成典范。

《百岁人生——邬沧萍口述实录》一经出版，我便依约将新书送去，并请邬教授为70多位与会专家、领导和嘉宾在书上题字。考虑到邬教授的高龄和身体状况，我们商定一周后取书，以便让他有足够的时间慢慢签名。然而，仅仅过了三天，红芳便通知我取书，说邬老拿到书后就便迫不及待地开始签名，他坚持不能拖延。听闻后，我惊讶之余，心中涌起了难以言表的感动。邬沧萍教授用自己的实际行动，展现了真正的学者风范和人生境界，他对学术的执着追求和对他人的尊重再次让我深感敬佩。

值此邬教授逝世一周年之际，我满怀敬意地撰写此文，以表我对邬教授深深的缅怀与崇高的纪念。他卓越的学术思想、深厚的学术造诣以及崇高的大家风范，将永远铭刻在我们心中，成为我们不断前行的动力。

邬老与《老年之友》和我

芳　华

我是北京广播电视台城市广播原《老年之友》节目主持人，做主持人30年，其中18年制作、主持《老年之友》节目。邬沧萍教授是我国著名的人口学家和老年学家，我有幸与邬老相识16年，并结下了深厚的情缘。回想起那些与邬老共度的时光仿佛就在昨天。

一、第一次做直播

2007年8月7日，邬老第一次来《老年之友》做直播，不巧的是那天突降大雨，考虑到邬老已是85岁高龄，就给他打电话说："下雨了，您就别过来了，通过连线方式直播也行的。"邬老却说："那不行，连线听的声音就不如现场直播好，没关系我可以的。"那天邬老冒雨来电台直播。

到台里之后，在会议室休息时，邬老就开始准备稿件，我们之前其实已经沟通过几次节目提纲了，但是他依然认真地备稿，不时还增减一些内容。看完稿子后又询问节目的情况，听我们介绍《老年之友》节目是北京电台唯一一档专门为老年人制作的节目而且深受京城老年人喜爱时，他很是表扬了我们并且

邬老冒雨来电台直播

邬老认真备稿

邬老题字

在嘉宾留言簿上写道：对《老年之友》为北京广大老年朋友做出的卓越贡献表示由衷的敬意 。邬老这样的学术泰斗如此平易近人、认真谦虚，给我们节目如此高的评价，让我们既感动又觉得愧不敢当。

别看邬老当时已是 85 岁了，但他鹤发童颜，声音洪亮，节目中与主持人的对话反应敏捷，语速很快。他说："我今天很高兴，能有机会通过你们跟广大的老年朋友来会面，谈一谈心。"看得出，他真的很高兴通过这种方式和收音机前的老年人聊聊天。

那天的主持人是成音老师，主题就是谈健康长寿。成老师先请邬老谈谈健康的标准问题。邬老说："所谓健康就是按一个人的日常生活来衡量。在日常生活中怎样叫健康？能够自己吃饭、自己穿衣、自己洗澡、自己如厕，还有自己能够在室内走动，慢慢走或者快走是另一个问题了。如果在各种不同的项目里面有一两项需要人帮忙，比如洗澡他自己洗不了，像这种情况我们叫半自理。所以判断一个人健不健康，现在用自理来作为客观的标准。"讲得通俗易懂。

邬老还以自己为例介绍了自己的饮食习惯和锻炼方式。

他说："现在我很重视饮食平衡，有一定的营养又不能过度营养。每天吃蔬菜水果，有足够的纤维，因此我新陈代谢好，不发愁得了肠胃病引起的不良后果。生命在于运动，我认为也是一个普遍规律。因此我从 60 年代开始，就很注意晨练。我很忙，只有早上有时间，因为当老师的晚上都得学习。但是我每天早上锻炼，持之以恒几十年。什么都做，跑、快步走、太极拳、气功、早操。现在在我们小区我经常做一小时左右的器械锻炼，所有关节、部位都能锻炼到。我觉得每大做完以后，开会坐一天，根本腰都不弯。"的确是这样，这十多年中，多次看到邬老参加各种会议，他都是从头坚持到结束，坐得很直，听得也非常认真，很少中途早退。

邬老的另一个健康秘诀就是："勤用脑。好多人问我，为什么健康，我简单说勤用脑。我没有一天不看书，我看书都动脑子，看一些理论问题就想为什么要这样说，经常思考问题。我经常写东西，我已经写过几百篇文章。我认为

邬老在直播中

我和邬老在电台

我的健康很得益于用脑。所以我现在脑子的记忆还不错，我讲几小时课，可以不带稿子，都放在我的脑子。”

为了验证邬老的记忆力，成音老师当场对邬老进行了一个小测试，他们来了一个快问快答。这都是没有事先准备的，完全是临时起意。下面是当时他们的对答。

成音：邬老，我们国家的老年人一共有多少？

邬沧萍：1.45 亿左右，有说 1.43 到 1.47，基本就是这个数字。

成音：我们老年人口到 2010 年将达到多少呢？

邬沧萍：大概是 1.5 亿，到不了 1.6 亿。

成音：您知道我们北京的老年人口有多少吗？

邬沧萍：我知道北京的数字里面，有常住人口有现有人口，老年人不到 200 万，一百八十几万。

成音：这些数字真的都在您的脑子里面。

我记得当时邬老还说：“除了这些数字，关于我们国家的生产，每年的财政收入、国际比较等我都知道，因为我经常要用这些东西来判断问题。每天我看报的时间也不少，知识对健康是很重要的。我是搞老年学的，经常要学很多老年医学，耳濡目染也接触了很多老年健康知识，所以科学知识对于一个人的长寿、健康还是很重要的。”

除此之外，邬老说健康还有一个重要的因素就是心理平衡、乐观。

他说：“一个人要经常处于乐观。我跟老年朋友可以坦率地说，每家都有难念的经。我爱人是帕金森病患者，她曾是北师大的教授。我爱人长期卧床不起，所以我照顾她好多年。我爱人三个月前去世了。照顾她的同时我学到很多东西，学到了怎么样正确对待健康等问题，将坏事也可以变成好事，心态保持乐观是一个很好的做法。”

现在回想起来，他那时讲的这些观点，就是后来总结的“仁者寿、勤者寿、乐者寿、智者寿”。

那期节目反响非常好。很多听众都说听了之后受益匪浅。

从那之后的十几年里，我无数次的在各种论坛、学术会议、研讨会听邬老的演讲或发言、讲课，每次发言少则 20 分钟，多则 2 小时，但是他从来不拿稿，让人佩服得不得了。我跟他说：“一讲讲 2 小时还不带稿子，您的记忆力还是那么好！”结果邬老讲了几句话，让我一直记到现在。他说：“我也不是记忆力都那么好。虽然我每次讲话都不带稿，但是我每次都会认真地准备，哪怕是我熟悉的内容，前一天晚上我都要再看很多东西，准备一下稿子。你要给人一杯水自己就要有一缸水。”一位如此德高望重的大先生，是如此的虚怀若谷，严谨认真，让我这个晚辈很是汗颜。我自问我没有做到每一期节目都能非常认真地对待，对每一位嘉宾都能认真地提前做好功课。从那以后，我每次主持各种活动时，哪怕主办方都提供了完整的主持词，但我依然会提前在网上检索一些相关的专业知识或者是搜一搜嘉宾的介绍、相关报道等，做到心中有数才能在现场随机应变，点评得当，不说外行话。邬老的这席话对我影响至深。

二、授予邬老京津冀银发榜样特别荣誉奖

从 2014 年开始我策划主持银发达人的评选活动，后来京津冀协同发展又扩展为京津冀三地的银发达人评选，目的就是挖掘老年人中的各种达人，树立

第七届京津冀银发达人颁奖典礼现场
（从左至右：刘维林、邬沧萍、王小娥）

银发榜样，展示老年人积极乐观的多彩生活和精神风貌，邬老绝对是达人中的达人啊！正如他所说："我提倡健康老龄化，自己必须亲身参与，否则无法说服人！"邬老正是积极老龄化、健康老龄化老有所为的代表和典范。

2021 年 10 月 10 日，我们举办了第七届京津冀银发达人颁奖典礼，授予邬老银发榜样特别荣誉奖。

那天中午 12：00 工作人员就去邬老家中接他到颁奖现场，老人家已穿戴整齐，准备出发了。邬老每次出席各种场合，大多数都是西装领带，精神抖擞，头发整整齐齐，颇有绅士风度。

那天的颁奖典礼非常隆重，在舞台上我现场采访了邬老，问他："您百岁高龄长寿原因是什么？"他说："决定一个人的长寿首先是存在，存在决定健康长寿。存在什么时代，存在什么样的生存环境这是第一位的，我如果不从美国回来，我也不一定能够活到 100 岁。我很多朋友和亲人在美国，也都做着很好的事，但是也没有活到 100 岁。我自己是这样想的，一个人生活在最好的环境，美好的人际关系，美好的生存和生活环境，每一个人都能够长寿，现在像你们这样的年龄，生活在这个时代——中国特色社会主义，如果活不到八九十岁只能怪你们自己。"说到这里引起了全场的笑声和掌声。他接着说："只要你坚持健康的生活方式、行为方式，就能长寿。我不抽烟不喝酒，我也不喘，也没有支架，我现在除了牙齿之外，都是原装的。"全场观众又都会心地笑了，这笑声中有敬佩和羡慕。

现场采访结束后，我们为邬老送上了一个大大的生日蛋糕，因为 9 月 24 日他刚刚度过了 99 周岁、100 虚岁的生日，我们算是又为他补上一份祝福，庆祝一下。随后中国老年学和老年医学学会刘维林会长和时任北京市老龄办常务副主任、老龄协会会长王小娥共同为邬老颁发了特别荣誉奖并送上了鲜花。手捧鲜花的时候，邬老又说了一句话："谢谢大家！我们的老龄社会不应该是悲观的，应该是健康和谐美好的。"给邬老颁奖这个环节，成了整个颁奖典礼的高潮，大家都由衷敬佩这位健康乐观的百岁老人。

三、为邬老拍摄纪录片

邬沧萍教授是我国人口学和老年学的奠基人，一生都在研究理论，也一生都在践行着他的理论，是实践与理论完美的结合者，是著作等身的学术大家，也是健康长寿的典范，是让我们敬佩的长者。他的理论、他的精神、他的长寿秘诀都值得我们记录下来并广为弘扬，所以作为一个媒体人，一直想给邬老拍一部纪录片，记录下他光辉的思想、爱国的情怀、乐观的精神。刘维林会长非常支持这个想法，我后来又跟著名的纪录片导演渠陆军说了这个想法，也一拍即合，他也非常敬佩邬老。那时邬老 98 岁，我们计划两年之内拍摄制作完成，作为献给邬老百岁生日的礼物。只是没有想到疫情让我们没能完成这个愿望，成了终生的遗憾。

当我们决定拍摄这部纪录片后，就经常去拍摄邬老的日常生活。有一次，摄像李强一大早去拍摄邬老在小区楼下健身器材区锻炼的情景。邬老 90 岁时，还能在小区健身器上一口气做十几个仰卧起坐呢。那时邬老的身体状况还是非常好的。那天锻炼完上楼时，邬老输了两次密码也没能打开门，李强说："要不敲门或者打电话让人给开门吧！"但是他坚持自己开，结果第三次就打开了。李强后来跟我说这件事给他留下了深刻的印象，觉得邬老特别棒。我想他佩服邬老的原因：一是因为邬老的自理自立，虽然已是 98 岁高龄，但是依然不想依赖别人，不给别人添麻烦；二是他的坚持、不服输的精神。

专访是拍摄人物纪录片非常重要的内容，就是请邬老自己讲述一下他的一生以及一些重要的阶段、参与的重要的事情等。2021 年 12 月 4 日，终于跟邬老约好了去拍摄他的专访。那天我们去了五个人，两台机器。

渠导他们布置机位，我和邬老在旁边先聊天。那天阳光特别好，照在屋里暖洋洋的。书房里阳光洒满书桌，桌上摆满了各种书报资料以及政策文件。上面勾勾画画有很多的批注，一看就是极其认真地看过，而且是不止一次地研读过。

在邬老的日常生活中，就是读书、写作、思考，他说思考才是主旋律。他

采访中

每天都要工作五六小时。

布置完机位，我和邬老就在客厅的沙发上开始了专访。专访前为了让邬老坐得舒服些，我还专门给他加了靠垫，而且跟他说：“您怎么舒服怎么坐。如果累了您就停下来，休息一下。”但是专访一开始，邬老就侃侃而谈，一点没有要休息的意思，反而是我怕他累了，每隔半小时就提醒他喝点水或休息一下。那天的专访进行了近三小时。邬老从他的父辈讲起，讲他颠沛流离的童年、意气风发的青年、满怀激情的回国，讲中国人口学、老年学的起源发展，他的学术思想的发展，等等。在他讲述时，我的脑海里呈现的就是他波澜壮阔一生的画面。讲到动情时他满眼发光并闪着泪光，而我和在场的人则满含热泪。邬老和钱学森一样都是20世纪50年代初放弃了美国的优越生活、抵挡住各种诱惑、冲破重重困难回到了祖国的怀抱的。他们是那样义无反顾地奔回祖国母亲的怀抱，他们的爱国情怀是那么的纯真与坚决，令人肃然起敬。

新型冠状病毒感染疫情期间我一直担心邬老的身体，偶尔会给邬老的保姆小芳打电话询问邬老的情况。最初还好，一直都说邬老挺好的，没事，让大家放心。

听到这样的消息，让人非常高兴，希望邬老能够顺利躲过疫情。但是不幸的消息还是来了，邬老感染了并且住进了 ICU。我的心一下就揪起来，毕竟是百岁老人了，我在心里祈祷老人家一定要挺过去。

可是噩耗还是来了。2023 年 6 月 14 日我在飞往新疆之前听到了邬老去世的消息，眼泪一下子就流了下来。没想到那次专访竟成了最后一面了。

2024 年的 6 月 13 日中国老年学和老年医学学会为纪念邬老逝世一周年，举办了 2024 年邬沧萍学术思想研讨会。我因那天临时有事不能前去，就连夜制作了一条“缅怀邬沧萍 百岁老人的长寿箴言”的视频，以表达我的怀念之情并赶在当天早晨发表了。没想到大会现场播放了这条视频。中国人民大学的孙鹃娟教授给我发微信说：“感谢您拍了这么有意义的视频。”

听到这个消息我很欣慰，觉得终于为邬老做了一点事情。

最后以两句诗结束此文：

沧海桑田留风范。

萍踪所至颂高风。

先生，已活在了历史里
——深切缅怀邬沧萍先生

蓝　青

想写一篇怀念邬先生文章的种子，在去年先生刚刚离开我们时，中国人民大学、中国老年学和老年医学学会举办的追思会上，就被埋下了。当时先生的学生、晚辈，以及来自各单位的人口学、老年学专家，含泪深情回忆与先生相处的点点滴滴。作为从1993年起便开始采访邬先生，且近30年里多次采访先生、写下二三十篇与先生有关的稿件的记者，我也在心里默默回顾了一下采访中的几个难忘瞬间。

几十年采访先生，许多场景依然历历在目。仿佛先生还在对我说，“蓝青，欢迎你来参加我们的会议”“蓝青，过年你们单位领导来看我，你怎么没来”“要好好工作也要好好休息，劳逸结合”……先生每次见我都是笑容满面、声若洪钟地打着招呼。听着先生那中气十足的广东普通话，我便觉得每次到中国人民大学开会，都可以看到先生，他会永远作为一棵常青树、不老松，和我们分享他的新思考、新观点。

无论是我初入职业生涯时的第一次青涩稚嫩的采访，还是后来渐渐熟悉起来之后的偶尔有些过分的采访要求，先生都以宽容之心待我。幸得先生照拂，我才有机会写下这么多与先生有关的文章。我想在采访先生的记者里，应该不

邬沧萍先生照片

会有比我持续时间更长的了，所以我就更有责任记录下先生与记者之间的故事，从记者的角度，看待先生如何做人、做事、做学问。

记得我第一次采访先生，是我刚入职当时的《中华老年报》不久（现在的《中国老年报》由当时的《中国老年报》和《中华老年报》在2000年合并而成）。1993年年底，报社新开设《荣誉老人今日》栏目，为了能采访到先生，我便找到了好朋友、中国人民大学人口学系老师段成荣，希望他帮助联系采访邬先生。想不到我很快就得到了回应，先生接受了采访。

时隔30余年，采访的细节已经记不清了，但先生关于一个问题的回答却令我铭记至今。我问他“您平生最大遗憾是什么”，先生回答说，到目前为止我的20多本书、200多篇文章，几乎都是十一届三中全会以后的十余年间写成的。在此之前，我过去有一二十年的时间被浪费了，1957年下放当农民，20世纪60年代下乡“四清”，后来又到江西种地。我很尊重劳动，劳动时我也很卖力，还获过“种田能手”称号，但是我觉得我可以以更好的方式为社会作贡献。

幸运的是我从手里珍藏的20世纪90年代的《中华老年报》残缺的合订本中

找到了第一次采访邬老师的这篇文章，文章发表在1994年1月17日的一版，标题叫《物价对老人是一大威胁》。我也不明白为什么当时起了这么个很没有先生“学术风格”的标题，但也许当时确实产生了物价方面的问题，引发了先生对老年人生活的担忧。

在采访中先生对自己时间被浪费的遗憾，在随后的岁月中被加倍地弥补了回来。先生在百岁接受采访时说，我认为勤奋对长寿很重要，我一生都在为党工作，我没有因病请过假，没有因病住院而耽误过工作。先生在90岁之后，还以每年两本书的节奏在著书立说，在100岁时还每天工作五六小时。

我对先生另一次印象深刻的采访是在2016年。是年5月27日下午，中共中央政治局就我国人口老龄化的形势和对策举行第三十二次集体学习，中共中央总书记习近平发表重要讲话，强调指出要推动老龄事业全面协调可持续发展。为更好地学习总书记重要讲话，我报连续采访老龄专家、学者，请他们谈谈如何贯彻总书记重要讲话精神，推动老龄事业发展，增进老年人福祉。

开篇自然必须请先生。根据约好的时间，我到了先生家，先生正在门口的楼道里走步运动。先生说，一是为了迎接我，二是也顺便在楼道活动活动。进屋后，保姆照例端上一盘水果，我每次到先生家，都享有零食、水果的待遇。保姆说，先生每天晚上要看电视新闻，他看新闻也从不坐下，都是边踱步边看。先生风趣地接过话茬说，生命在于运动，走走更健康。

采访中，我注意到刊登有《习近平在中共中央政治局第三十二次集体学习时强调 党委领导政府主导社会参与全民行动 推动老龄事业全面协调可持续发展》文章的报纸，被先生用红笔、蓝笔、粗笔、细笔等各种笔迹，以及对勾、括号等符号标注得密密麻麻的。先生说：“讲话我学了很多遍，越学越觉得高屋建瓴、内容深邃。”总书记在讲话中提出了五个“着力”的要求，即“着力增强全社会积极应对人口老龄化的思想观念，着力完善老龄政策制度，着力发展养老服务业和老龄产业，着力发挥老年人积极作用，着力健全老龄工作体制机制”。先生分析说，这五个要求是针对不同人群作出的，分别是全党全民的总要求，各政府职能部门、社会和市场、老年人、老龄工作部门，先生还一一进行了解读，帮助读者更好地理解总书记的重要讲话精神。

在采访结束后起身告辞时，先生告诉我说，《中国社会报》的记者也要马上过来采访同样的题目，你们两家媒体定位和读者群不同，我要给予不同的解读角度。我瞬间肃然起敬，《中国社会报》与我报同属民政部主管，而且那位记者我也认识，是同样跑老龄口的，把我们两家媒体合并采访，完全是可以说得通的。但先生这样级别的专家，却如此认真地对待我们两个小记者的采访，为我们准备了不同的采访内容。先生严谨的治学之风、真诚的待人之道，令我至今难忘。

先生是中国人口学和老年学的奠基人，2003 年教育部批准中国人民大学正式设立老年学专业，培养老年学博士和硕士，这是我国高校第一个老年学专业培养机构。2004 年，在杜鹏、陈功等教授的倡导下，中国人民大学老年学研究所联合北京大学老年学研究所等单位共同主办首届“中国老年学学科建设研讨会”，就老年学科的发展方向、体系、教材等提出建议和意见，同时对如何更有效地促进高校之间、研究机构之间、学科之间以及老龄工作部门之间的合作展开论证。

此后，中国人民大学将学科建设研讨会列为一年一度的会议，而在每次会议上，先生都要亲自出席并致辞。先生的致辞浓缩了他一年思考的精华，并常常以幽默生动的语言表达出来，因此他的致辞就成了与会人员最为期待的一个环节。“老年人应享有尊严的、积极的、有保障的晚年”“应对人口老龄化，防洪胜于抢险”“要有全生命周期的健康意识和生活状态”“我身体除了牙齿以外，每一个部分都是原装的”……无须去查阅原有的稿件，先生的这些话语便可信手拈来，它们已成为我知识积累的一部分，指导我正确认识人口老龄化，写出有专业角度的文章。

而今先生已离去，再也没有机会聆听先生的真知灼见了。但是先生所开创的中国人口学学科和老年学学科，为我国老龄化社会和长寿时代的到来，早已贡献了理论和人才的储备。先生，已活在中国人口学和老年学的历史里，活在中国最好的人文社科高校中国人民大学的历史里，活在我们每一个人的心里。先生及其开创的事业，将千古不朽！

念邬老

李彧钦

第十三届世界华人地区长期照护研讨会，邬沧萍先生作开幕式致辞

第一次见到邬老是在 2016 年 9 月，参加中国人民大学举办的第十三届世界华人地区长期照护研讨会，恰逢邬老 95 岁生日。那次会议于我而言用“震撼”“震惊”都不足以表达当下的感受，彼时的我还是一名初出茅庐的高校“青椒”，作为老年服务与管理专业的负责人“赶鸭子上架”前来取经学习，未曾想竟见到了人口学界、社会学界、老年学界的行走的“参考文献”，来自中国人民大学、北京大学、清华大学、复旦大学等名校的知名学者教授整整齐齐地汇集一堂，呈现了一场丰盛的学术盛宴。在这群耀眼的学术大咖中，深深印刻在脑海里的是那位气宇轩昂、精神矍铄的老年学泰斗邬沧萍教授。近百岁的邬老步履矫健地走到发言席前，声音洪亮、字正腔圆地作嘉宾发言，使我第一

2016年12月1日，“北京蓝”

次真正理解了什么是“积极老龄化”“健康老龄化”“生命全周期健康”。邬老在身体力行用生命践行着他大半生的研究课题。

第二次见到邬老是接下来的12月1日，人民大学举办了“人口老龄化与可持续发展国际学术研讨会”，那一天印象深刻的是北京褪去了多日的雾霾天气，呈现出了难得的“北京蓝”，来自世界多个国家老年学专家齐聚人大，并在会场启用了“同声传译”，那时那刻，社会学中的“文化震惊”再次从理论照向了现实，为我打开了视野的大门与格局之窗，人口老龄化研究于当时当下的国内还未形成燎原之势，于世界其他先进入老龄化的国家来说已经研究了大半个世纪，他们的现状从某种程度上来说也是当下和未来中国正在和即将经历的

人口老龄化与可持续发展国际学术研讨会

状况，他们的经验是值得我们借鉴的宝贵财富。邬老极具前瞻性的于20世纪80年代初创建了老年学，可谓远见卓识。还有特别有感触的一点是邬老的平易近人的大家风范，记得前几次会上见到邬老，每每都要在中场休息中见缝插针地请邬老一起合照，邬老每次都热情亲切地与我合影，捧着相机中的照片，我如获至宝。其实，我是有点私心的，想以这种方式请邬老将长寿和好运传送予我。

那几年，我们在为老年服务与管理专业奋力宣传，恨不能让所有考生和家长都能够了解认可并报考该专业，但收效甚微，我们也垂头丧气，是人民大学每年召开的老年学会启发了我，给我开启了一扇通往光明的大门，我们在招生宣传和专业课讲授过程中时刻告诉学生和家长未来可以报考人民大学的老年学专业，那里是研究朝阳产业的圣殿，还有老年学泰斗邬沧萍教授。那几年，每年来人大参加研讨会是我无上的光荣，看到邬老，看到为大会忙前忙后的杜鹏校长，还有近几年经常看到的为会议忙碌的孙鹃娟教授，内心深处有种踏实之感，即便后来我从事行政工作，但只要有时间一定来参会，人大老年学专业冥冥之中更像我心灵深处的家园。

新型冠状病毒感染疫情期间都没有出行，当然也没来人大，但时刻关注着“老年学教学与研究”的公众号，认真观看了杜鹏教授的央视采访并激动地转发朋友圈，同时内心特别关心着邬老的身体，当2021年出版了《百岁人生——邬沧萍口述实录》，我是从央视媒体看的记录报道，心潮澎湃，按捺不住的兴奋与激动，同时隐隐地透着一丝担心。

2023年6月我通过媒体报道得知邬老因病逝世，享年101岁，遗憾、难过、不舍，心情久久难以释怀，邬老功德圆满驾鹤西去，为中国老年事业书写了浓墨重彩的华丽篇章，可歌可泣可赞可叹，与我们而言何尝不是一种幸运。邬老终其一生笔耕不辍、刻苦钻研，此刻终于可以休息休息了。

2024年6月13日适逢邬老逝世一周年，再次到人大参加“邬沧萍学术思想研讨会”以纪念追思我们敬爱的邬老。我们后辈将继续以邬老的精神作为导航，践行积极老龄观，塑造人师典范，生命不息，学习不止，勇往直前。

郭仓萃纪念文集

邬沧萍先生年谱

- 1922 年 9 月，在广州市番禺区出生。
- 1927 年，在广州一所有名的幼儿园接受学前教育。
- 1929—1935 年，就读于广州最好的公立小学——五一小学（现灵峰小学）。
- 1935—1938 年，就读于广州最负盛名的广雅书院，被誉为广东省立第一中学。
- 1938—1939 年，在澳门、香港内广雅中学办的临时中学读高二。
- 1940 年，从澳门知用中学高中毕业，考取岭南大学经济系（在香港大学上课）。
- 1940—1944 年，在广东粤北继续完成岭南大学经济系的课程。
- 1945—1946 年，在广州岭南大学经济系毕业。
- 1946 年，参加国家考试院的高级财会人员考试、海关学院考试和出国自费留学公开考试，都顺利通过或录取。
- 1946—1947 年春，在海关学院高级班进修并提前毕业。
- 1947—1948 年，在香港九龙海关任税务员。
- 1948—1951 年，在美国纽约大学留学，获得 MBA 学位后继续攻读博士学位；在哥伦比亚大学专修统计学作为第二专业。
- 1951 年 8 月，同妻子李雅书和一岁的儿子登上“富兰克林”号离开美国，回到祖国怀抱。
- 1951 年 9 月，由教育部分配到北京辅仁大学经济系任教。
- 1952 年，由教育部院系调整分配到中央财经学院统计系任教。中央财经学院是由北京大学、清华大学、燕京大学、辅仁大学四所大学的社会、财经各系合并而成，只持续了一年大部分教师就都合并到中国人民大学等校。
- 1953 年，由教育部分配到中国人民大学统计系任教。

- 1953 年，以中国人民大学统计学教师的身份，参加中国第一次人口普查。
- 1953—1957 年，在中国人民大学马列主义四年制的夜大学攻读，四门理论课八个学期的考试，以全优的成绩毕业。
- 1957—1958 年，成为中国人民大学第一批下乡劳动进行思想改造的积极分子，被下放到北京市海淀区西山四季青乡南平庄村农业劳动一年。
- 1958 年，被评为北京市先进工作者（劳动模范）。
- 1958 年，编写出版了人生中第一本著作《商业统计学》。
- 1958—1966 年，三次被选为北京市海淀区人民代表。
- 1965—1966 年，到湖南湘潭农村进行社会主义教育（“四清运动”）一年，被“四清”工作队评为“优秀四清干部”，与贫下中农同吃、同住、同劳动，同时帮助当地农民发展生产和整顿基层农村工作。
- 1967—1970 年，被下放到江西省余江县的刘家站“五七”干校，走“五七”道路从事三年农业劳动，成为“插秧能手”，被评为“五七战士”，在这期间，中华人民共和国成立 20 周年大庆，被选为回京观礼代表。
- 1971 年，联合国恢复中国在联合国的合法席位后，开始参加国家计委人口问题研究小组（以中国人民大学教师为主），在中国人口学研究的道路上迈开第一步。
- 1971—1973 年，开始研究国内外的人口问题，主持翻译联合国推荐的《人口通论》。
- 1973 年，中国与联合国合作，中国进行一次史无前例大规模的人口普查（即第三次人口普查），在北京召开一次史无前例的国际会议。根据这次普查的结果，开始认识到我国已经显现人口老龄化的趋势，分别在北京召开的国际会议上和在意大利召开的国际人口学会的年会上提出。

- 1974年，推动中国第一个人口学的研究机构即中国人民大学人口研究室成立，推动创办我国第一份人口学学术期刊《人口研究》。

- 1975年，和戴世光合作编写了《世界人口统计简编》。

- 1977年，推动《人口研究》首刊出版；与刘铮、戴世光合著了《资本主义国家经济统计指标基础知识》；参与编写《人口理论》。

- 1978—1983年，当选为北京市政协委员。

- 1979年，与刘铮合作撰写新中国第一篇人口学理论文章——《人口非控制不行》，在《人民日报》上发表，这是中国关于人口问题在学术上沉积多年后公开发表的第一篇理论性文章；起草并与刘铮、林富德联名发表新中国第一份关于人口问题的研究报告——《对控制我国人口增长的五点建议》；在中华人共和国成立后第一个出国考察访问的人口学家代表团中作为秘书长到联合国、美国、英国、法国、泰国考察。

- 1980年，参编出版《人口译丛》。

- 1981年，与刘铮、查瑞传合著了《人口统计学》。

- 1982年，推荐中国老龄委承担亚太经社理事会研究项目——《中国人口老龄化已经呈现》；在北京西颐宾馆参加中国老龄委第一次组织的“中美学者老龄问题学术研讨会”。

- 1983年，主编出版《世界人口》；合作翻译《人口通论》。

- 1983—1988年，当选为全国政协委员。

- 1984年，联合国与中国合作成立一个人口学培训中心，设立在中国人民大学，被任命为中方的培训主任。每年邀请国外知名的人口学家和老年学家来华讲学，并负责选派中国留学生出国培训、学习。也承担朝鲜人民共和国和越南人民共和国的学生在中国人口培训中心学习人口学，是联合国南南合作项目之一。

- 1984 年 8 月 20 日，在《人民日报》发表《老龄问题和我们的对策》，第一次对外论述老龄问题。

- 1985 年，在编写《人口理论教程》中承担编写全新的《人口和生态环境》一章。

- 1986 年，与刘铮、李宗正合作编写出版了《人口学辞典》。这是中国学者编写的第一部有关人口科学的辞书。

- 1987 年，发表《论老年学的形成、研究对象和科学性质》，从学名的确立等论述老年学作为一门独立学科的基础要素。主编《漫谈人口老化》《人口与生态环境》。

- 1988—1998 年，被选为全国第七、第八届政协常委。

- 1990 年，荣获北京市宣传部国情报告演讲比赛“灵山杯”一等奖。

- 1995 年，获得第二届中华人口奖（科学奖）；与穆光宗合作撰写《低生育研究——人口转变论的补充和发展》发表在《中国社会科学》。对 20 世纪 90 年代我国人口发展的新形势进行了理论的和对策性的论述。

- 1997 年，参与主编《转变中的中国人口与发展总报告》。

- 1998 年，主编《中国人口的现状和对策》。

- 1999 年，主编《社会老年学》，全面阐述社会老年学的研究对象、学科性质和研究方法。从人类个体老龄化、群体老龄化、老年人的基本权利以及人口老龄化对社会政治、经济、文化的影响等方面阐释了社会老年学的基本理论，并提出了迎接人口老龄化挑战的基本对策。该书是老年学的基础教材。

- 2000 年，获得经教育部批准老教授协会的“科教兴国奖”和中国老年学学会“第一届突出贡献奖”、中国人口协会终身会员奖。参加“2000 年中国”研究项目，获得国家科学集体进步奖（集体奖）。

- 2000—2005 年，被北京市聘为北京市参事。

- 2002 年，作为国家代表团顾问参加马德里第二次老龄问题世界大会。

- 2003 年，推动成立中国人民大学老年学研究所，这是中国第一个老年学硕士、博士学位授予机构。

- 2004 年，主编“China's Population Situation and Policies”。

- 2005 年，正式办理离退休手续。退休后继续指导博士生，仍从事人口学和老年学的研究工作。

- 2006 年，荣获“中国老年学学会突出贡献奖”；主编《人口学学科体系研究》获教育部人文社科二等奖；主编《老年学概论》；与杜鹏合著《中国人口老龄化：变化与挑战》。

- 2007 年，主编《邬沧萍自选集》。

- 2009 年，《对控制我国人口增长的五点建议》获得教育部人文社科一等奖。

- 2010 年，主编《从人口学到老年学》；参编《人口、资源、环境关系史》。

- 2012 年，荣获“第一届吴玉章人文社科终身成就奖”；主编《老龄社会与和谐社会》。

- 2014 年，被中央宣传部评选为“最美老有所为人物”，颁奖词是：“研学唯精，一心存报国家志；桑榆未晚，众口争夸矍铄翁”。

- 2016 年，在清华大学讲授香港特别行政区高级公务员国家事务研习课程，获得香港公务员处“杏坛奖”；清华大学授课 100 期荣誉奖；主编《全面建成小康社会　积极应对人口老龄化》；12 月 1 日参加中国人口学会与联合国驻华联合机构等召开的“人口老龄化与可持续发展国际会议”，在开幕式上讲话，提出“存在决定健康长寿”的新思想。

- 2017 年，应邀参加中央人民广播电台，解读“十三五”老龄规划。

- 2019年，主编出版《老年价值论——积极应对人口老龄化的理论与实践》。
- 2020年，组织编写《新修社会老年学》。
- 2020年4月，第一次直播首秀，以“存在决定健康长寿”为主题开展人口老龄化国情教育大讲堂——战疫特别节目网上直播。
- 2021年5月，参加老龄智库专家研讨会并致辞。
- 2021年9月24日，出席“积极应对人口老龄化，促进人口长期均衡发展”学术研讨会暨《百岁人生——邬沧萍口述实录》新书发布会。
- 2021年12月30日，出席北京市老年学和老年健康学会2021年“求是”论坛，并发表题为“人口老龄化和人的健康长寿”的主题报告。
- 2022年7月，在抖音“银铃课堂”公益讲座上直播“百岁教授话老龄”系列讲座。
- 2023年6月13日，因病医治无效于北京逝世。

后 记

在邬沧萍先生诞辰102周年之际，《邬沧萍纪念文集》终于得以付梓。这本纪念文集不仅是为了表达对邬沧萍先生的怀念和对他学术、人品的景仰，更旨在通过回顾他的学术思想和人才培养历程，展现我国人口学、老年学学科的发展过程，启发大家思考如何在邬沧萍等老一代学科奠基者、开拓者所奠定的基础上，传承他们的爱国情怀、敬业精神和学术思想，积极应对人口老龄化，以人口高质量发展支撑中国式现代化等时代使命。

《邬沧萍纪念文集》由中国老年学和老年医学学会、中国人民大学人口与健康学院共同主编，华龄出版社出版，并得到了邬沧萍先生的子女邬天方、邬京芳和中国老龄事业发展基金会邬沧萍老年学发展基金的支持。在中国老年学和老年医学学会刘维林会长、姚远副会长，中国人民大学人口与健康学院杜鹏院长等专家、领导的倡议和指导下，团队有效组织并汇聚多方之力，使文集得以顺利出版。文集的征文启事发布后，即得到相关部门的领导及与邬先生相识的同事、学生、朋友乃至素不相识粉丝们的积极响应，他们以题词、文章、诗歌、图片等多种形式，表达了对邬先生的深切缅怀。

在文集的征集、编辑过程中，刘维林会长、杜鹏院长、姚远副会长等领导亲力亲为，全程指导并参与编撰工作；华龄出版社的周宏副社长高度重视，全程安排落实出版工作。同时，中国人民大学人口与健康学院孙鹃娟教授、中国老年学和老年医学学会学术部张兵兵副主任、华龄出版社程扬老师也做了大量的征集、编辑校对等工作。此外，中国人民大学人口与健康学院张航空副教授、袁喆博士等也积极参与了文集的编辑。在此，我们一并表示最诚挚的感谢！

《邬沧萍纪念文集》编委会

2024年8月28日